Führen, gestalten, bewegen

Seine Heiligkeit der DALAI LAMA, Tenzin Gyatso, ist das Oberhaupt der Tibeter und der größte und populärste Lehrer des Buddhismus. Nach dem gescheiterten Aufstand der Tibeter gegen die chinesische Besatzung im Jahre 1959 flüchtete er nach Indien, wo er seitdem im Exil lebt. In Anerkennung seines Engagements für eine gewaltfreie Lösung des Tibet-Konflikts erhielt er 1989 den Friedensnobelpreis und 2007 die Congressional Gold Medal, die höchste Auszeichnung, die eine Privatperson in den Vereinigten Staaten erhalten kann.

LAURENS VAN DEN MUYZENBERG ist ein international tätiger Managementberater. Er lebt in Frankreich.

Dalai Lama,
Laurens van den Muyzenberg

FÜHREN, GESTALTEN, BEWEGEN

Werte und Weisheit für eine globalisierte Welt

Aus dem Englischen von Jürgen Neubauer

Campus Verlag
Frankfurt/New York

Die englische Originalausgabe erschien 2008 unter dem Titel *The Leader's Way*.

»THE LEADER'S WAY: Business, Buddhism and Happiness in an Interconnected World« first published by Nicholas Brealey Publishing, London, 2008.
This translation is published by arrangement with Nicholas Brealey Publishing, London and Boston.

Bibliografische Information der Deutschen Nationalbibliothek:
Die Deutsche Nationalbibliothek verzeichnet diese Publikation in der Deutschen Nationalbibliografie. Detaillierte bibliografische Daten sind im Internet unter http://dnb.d-nb.de abrufbar.

ISBN 9-783-593-38687-4

Umschlaggestaltung: Anne Strasser, Hamburg
Umschlagmotiv: © Picture Press
Satz: Fotosatz L. Huhn, Linsengericht
Druck und Bindung: Ebner & Spiegel, Ulm
Gedruckt auf säurefreiem und chlorfrei gebleichtem Papier.
Printed in Germany

Besuchen Sie uns im Internet: www.campus.de

INHALT

EINLEITUNG

Seine Heiligkeit der Dalai Lama

Buddhistische Mönche leben im Allgemeinen fern der Gesellschaft in friedlicher Abgeschiedenheit, wo sie für das Wohl aller Lebewesen und des Planeten beten. Zwar bin auch ich einer dieser Mönche, doch zusätzlich trage ich die Verantwortung für die tibetische Exilregierung. Deshalb treffe ich mit Menschen aus aller Welt zusammen und habe einen anderen Horizont gewonnen. Auf meinen Reisen habe ich die unterschiedlichsten Menschen kennengelernt, arme wie reiche, von denen jeder seinen Platz in der Welt einnimmt. Viele Menschen haben mir ihr Vertrauen geschenkt und mir von ihrem Leben und ihren Hoffnungen und Ängsten im Hinblick auf die Zukunft erzählt. Auf diese Weise habe ich viel darüber erfahren, was die verschiedensten Menschen im Leben suchen. Im Grunde wünschen sich die meisten Menschen ein gewisses Maß an Glück.

Warum schreibe ich dieses Buch gerade jetzt? Weil ich der Ansicht bin, dass jeder von uns Sorge für das Funktionieren der Weltwirtschaft tragen und Verantwortung übernehmen sollte und dass jeder von uns ein Interesse daran haben sollte, wie Unternehmen unsere vernetzte Welt gestalten. Die Zeiten haben sich verändert, und ich bin der

Überzeugung, dass sich die geistlichen Führer aller religiösen Traditionen, die naturgemäß langfristiger denken, in die Diskussionen um die globale Wirtschaft einbringen sollten. Unsere Welt steht vor schwerwiegenden Problemen. Besonders beschäftigt mich die Frage, wie wir die wirtschaftliche Not in armen Ländern lindern können, die Tatsache, dass die Lebenszufriedenheit selbst in reichen Ländern seit den fünfziger Jahren stagniert, die Umweltzerstörung durch Vernachlässigung, Bevölkerungswachstum und den steigenden Lebensstandard, und schließlich der fehlende Frieden in vielen Teilen der Welt.

Da der Buddhismus an diese und ähnliche Probleme rational und logisch herangeht, sind seine Antworten für nicht-religiöse Menschen oft leichter nachvollziehbar. Der Buddhismus betont menschliche Werte und zeigt, wie wir lernen können, die Probleme unserer Gesellschaft mit einem ganzheitlichen Ansatz zu lösen. Damit kann der Buddhismus einen wichtigen Beitrag zu diesen Diskussionen leisten. Auch zu den Fragen der Wirtschaft kann der Buddhismus mit seiner weltlichen Ethik und seinen grundlegenden menschlichen Werten einen wichtigen Teil beitragen. Die buddhistischen Vorstellungen von Wohlstand, Arbeit, Konsum und Glück unterscheiden sich in gewisser Hinsicht von denen des Westens. Für den Buddhismus bedeutet Glück mehr als die Befriedigung materieller und anderer Wünsche – dies ist ein wichtiger Unterschied. Wir finden das Glück nicht in unseren Bedürfnissen oder deren Befriedigung, sondern anderswo. Das Glück entspringt unserer Zufriedenheit, die nicht von dem abhängt, was wir gewinnen oder erreichen.

Buddha erkannte, wie mächtig unsere ich-bezogenen Triebe sind. Doch er kam zu dem Schluss, dass es unmöglich ist, die Wünsche unseres Ich jemals völlig zu befriedigen, denn es handelt sich um einen endlosen Kreislauf. Niemand kann ohne Freunde und ohne gute Beziehungen zu anderen Menschen glücklich sein. Doch gute Beziehungen beruhen auf Gegenseitigkeit, sie sind unmöglich, wenn es uns nur darum geht, unsere eigenen Bedürfnisse zu befriedigen. Meiner Ansicht nach sind Regierungen und Unternehmen Teil dieser Gleichung, denn sie setzen Menschen zueinander in Beziehung, schaffen Arbeitsplätze und Wohlstand, und spielen eine wichtige Rolle in Fragen des Lebensstandards, des Glücks und der Schnittmenge zwischen beiden.

Ich möchte nicht so tun, als wären die Lösungen einfach und lägen auf der Hand. Bei der Arbeit an diesem Buch habe ich gelernt, wie schwer es für Unternehmer sein kann, die richtigen Entscheidungen zu treffen. Wenn ein Unternehmensführer einen Entschluss fällt, wirkt sich dieser auf sämtliche Mitarbeiter und zahlreiche andere Menschen wie etwa Kunden und Zulieferer aus. International agierende Konzerne stehen vor besonders komplexen Situationen, weshalb die Qualität der Entscheidungen den Ausschlag gibt. Daher benötigen Entscheider nicht nur unternehmerische Kompetenz, sondern auch die richtige Motivation und geistige Verfassung. Unternehmerische Kompetenz ist eine Frage des Talents sowie des Fachwissens und würde den Rahmen dieses Buches sprengen. Doch die Beobachtung und Korrektur der Motivation ist ein wichtiger Aspekt der buddhistischen Schulung und wird in diesem Buch im Detail erörtert ebenso wie die Entwicklung der richtigen geistigen Verfassung.

Die buddhistische Philosophie gründet auf der Erkenntnis, dass das Leiden ein fester Bestandteil des Lebens ist, und auf der Aufforderung Buddhas, dieses Leiden zu lindern. Genau darum geht es auch mir: Leiden zu lindern und die Lebenszufriedenheit zu steigern. Dieses Buch soll darum Lesern im Allgemeinen und Führungskräften im Besonderen helfen, besser zu verstehen, was in ihrem Geist und im Geist anderer Menschen vorgeht, vor allem im Zusammenhang mit Fragen der Führung. Ich hoffe, dass Sie auf diese Weise in die Lage versetzt werden, bessere Entscheidungen zu treffen und mehr Lebensqualität zu schaffen, und zwar für sich selbst, für Ihr Unternehmen und für alle Menschen, die von Ihren Entscheidungen betroffen sind.

Mein eigenes Interesse an Unternehmen und an der Wirtschaft hat über die vergangenen fünfzig Jahre hinweg eine Entwicklung erfahren. Meine formelle Ausbildung war ausschließlich religiöser und spiritueller Natur. Von frühester Jugend an habe ich buddhistische Philosophie und Psychologie studiert. Durch Begegnungen mit Mitgliedern der Kommunistischen Parteien Tibets und Chinas lernte ich später auch etwas über die verschiedenen Wirtschaftssysteme. Instinktiv neigte ich eher zum Sozialismus, doch ich beobachtete auch, wie die Volkswirtschaften der sozialistischen Länder stagnierten, während die Länder mit freier Marktwirtschaft eine immer größere Dynamik entwickelten. Ich begann, mich besonders für die Fehlentwicklungen der sozialistischen Wirtschaft und die positiven Aspekte der freien Marktwirtschaft zu interessieren. Dennoch bereitet es mir weiterhin Sorge, dass sich in den freien Marktwirtschaften die Kluft zwischen Arm und Reich tendenziell immer weiter vergrößert.

Im Jahr 1990 erhielt ich einen Brief von Laurens van den Muyzenberg, einem internationalen Managementberater. Er schrieb mir, statt die Gemeinsamkeiten von Kommunismus und Buddhismus zu suchen, wie ich dies zuvor getan hatte, scheine es ihm produktiver, zu überlegen, wie der Kapitalismus verändert werden könne, um unsere kollektiven Interessen zu befriedigen. Mir gefiel dieser Gedanke, und ich lud Laurens zu einem Gespräch ein. Seither haben wir uns regelmäßig getroffen. Im Jahr 1999 machte mir Laurens schließlich einen Vorschlag: Da einerseits immer mehr Unternehmen Interesse an Fragen der guten Unternehmensführung haben und andererseits der Buddhismus zahlreiche theoretische und praktische Hinweise bietet, die für Unternehmensführer nützlich sein könnten, sollte ich einen Beitrag zu diesem Thema leisten. Wir kamen überein, dass Laurens allgemeine unternehmerische Hintergründe darstellen sollte, während ich erläutere, wie sich die buddhistische Lehre auf das jeweilige Gebiet anwenden lässt.

Ich bat Laurens um einen ganzheitlichen Ansatz. Mit »ganzheitlich« meinte ich, er solle jede Fragestellung aus unterschiedlichen Perspektiven betrachten, nicht nur aus der des westlichen Managementberaters. Meiner Ansicht nach besteht eines der größten Probleme der heutigen Welt darin, dass wir uns angesichts des exponentiellen Anwachsens der Informationsmenge immer weiter spezialisieren und nicht mehr in der Lage sind zu erkennen, inwieweit die verschiedenen Vorschläge zur Verbesserung der Gesellschaft ineinandergreifen.

Für dieses Buch habe ich Themen ausgewählt, die mir wichtig erscheinen, und Laurens hat sie vor seinem eigenen Erfahrungshintergrund in Gesprächen mit Kollegen und in Recherchen weiterverfolgt. Er hat Führungskräfte interviewt, die den Buddhismus aktiv praktizieren, um zu erfahren, welchen Einfluss der Buddhismus auf ihr unternehmerisches Tun hat. Trotz unserer Bemühungen behaupten wir nicht, alle Antworten gefunden zu haben. Außerdem haben wir bei der Arbeit an diesem Buch stets darauf geachtet, die buddhistische Lehre so darzustellen, dass sie Führungskräften der Wirtschaft zugänglich ist.

Es geht mir nicht darum, mehr Menschen zum Buddhismus zu bekehren. Mein Anliegen ist vielmehr, buddhistische Vorstellungen zu präsentieren, die für Menschen aller Religionen genauso annehmbar und nützlich sind wie für Menschen ohne Religion.

Im Alter von 16 Jahren habe ich meine Freiheit verloren, und im Alter von 24 Jahren musste ich aus meiner Heimat fliehen. Im Laufe meines Lebens hatte ich zahlreiche Schwierigkeiten zu meistern. Trotzdem habe ich mir stets meinen inneren Frieden bewahrt. Ich könnte sogar behaupten, dass ich dank meiner buddhistischen Schulung glücklicher bin als viele Menschen, für die es selbstverständlich ist, in Freiheit und im eigenen Land zu leben. Diese Fähigkeit, mir meinen inneren Frieden zu bewahren, habe ich der buddhistischen Lehre zu verdanken sowie meinen konsequenten Bemühungen, diese Lehre mithilfe der Meditation in die Praxis umzusetzen. Ich hoffe aufrichtig, dass die Meditationen und geistigen Übungen, die in diesem Buch vorgestellt werden, unseren Führungskräften in Unternehmen und globalen Konzernen helfen, unseren Planeten friedlicher und sozial, ökologisch und ökonomisch nachhaltiger zu gestalten.

DER MÖNCH UND DER MANAGEMENTBERATER

Laurens van den Muyzenberg

In diesem Buch begegnen sich zwei Welten: meine Sphäre der Managementberatung und der internationalen Wirtschaft sowie der Kosmos des Dalai Lama, der tibetische Buddhismus. Diese Begegnung war die aufregendste und lohnendste Erfahrung meiner gesamten beruflichen Laufbahn.

Bei der Lektüre eines seiner Bücher stolperte ich über eine Stelle, an der Seine Heiligkeit einen indischen Philosophen beschreibt, der sich um eine Synthese aus Kommunismus und Buddhismus bemüht. Daraufhin schrieb ich ihm einen Brief, in dem ich erklärte, warum es meiner Meinung nach leichter sei, Kapitalismus und Buddhismus miteinander in Einklang zu bringen. Zu meiner Überraschung lud mich Seine Heiligkeit daraufhin ein, ihn in Indien zu besuchen. Zwischen 1991 und 2000 habe ich den Dalai Lama mindestens einmal pro Jahr getroffen und kleinere ehrenamtliche Beratungsprojekte für ihn übernommen, darunter Strategieseminare für seine Exilregierung.

Anfangs wusste ich wenig über den Buddhismus, und umgekehrt hatte der Dalai Lama wenig Erfahrung mit der Welt der Wirtschaft und des Unternehmertums. Seine Heiligkeit hatte sich zwar mit dem Sozialismus beschäftigt und Karl Marx gelesen, doch sein Wissen um die freie Marktwirtschaft war begrenzt. Wir kamen überein, dass ich dem Dalai Lama verschiedene Bereiche der Wirtschaft darstellte und er das jeweilige Thema aus seiner Sicht kommentierte.

Zunächst ging es in unseren Gesprächen um die Grundlagen der Wirtschaft und kaum um den Buddhismus. Es wurde schon bald klar, dass sich der Dalai Lama für das große Ganze interessierte, zum Beispiel für das Verhältnis von Unternehmen und Gesellschaft sowie die Bedeutung der »unternehmerischen Verantwortung«. Seine Heiligkeit erklärte mir, er wolle »ein ganzheitliches Verständnis der Wirtschaft«. Nach rund sieben Jahren regelmäßiger Gespräche hatten wir Möglichkeiten gefunden, einen Dialog zwischen den Vorstellungen des Buddhismus und den Theorien prominenter westlicher Wirtschaftswissenschaftler herzustellen und so die Dilemmata der Unternehmen besser zu verstehen. Auf diese Weise entstand die Idee zu diesem Buch.

Buddhismus und Kapitalismus sind hochgradig komplex, und auf der Suche nach grundlegenden Prinzipien kommen wir nicht umhin, beide zu vereinfachen. Wir haben dieses Buch so angelegt, dass ein Teil auf den anderen aufbaut, beginnend mit dem Einzelnen über das Unternehmen bis zur Gesellschaft. Ein klarer Schwerpunkt ist die Führung. Das heißt jedoch keineswegs, dass Veränderungen nur von Spitzenmanagern und Führungskräften ausgehen. Im Gegenteil, wir ermutigen Mitarbeiter auf allen Ebenen, die Führungskraft in sich selbst zu entdecken und die in diesem Buch beschriebenen Übungen anzuwenden.

Teil 1 erklärt die Grundlagen des Buddhismus und zeigt, wie auch Nicht-Buddhisten die Lehren Buddhas in allen Lebensbereichen anwenden können. Im Vordergrund steht die richtige Entscheidungsfindung. Dazu stellen wir Übungen zur Verbesserung der geistigen Leistungsfähigkeit vor. Außerdem erläutern wir an dieser Stelle einige grundlegende Vorstellungen des Buddhismus.

In Teil 2 stellen wir dar, wie sich die Erkenntnisse aus Teil 1 im Unternehmen umsetzen lassen. Wir wollen Führungskräfte anregen, Entscheidungen, Maßnahmen und Abläufe im Unternehmen mit Wärme, Mitgefühl und Ethik zu gestalten. Und wir wollen andererseits Unternehmen dazu ermuntern, seriöse Führungskräfte auszuwählen.

Teil 3 zeigt schließlich, wie buddhistische Werte auf globaler Ebene Anwendung finden können und spricht Themen wie Armut, Nachhaltigkeit, Vielfalt und Umweltverantwortung an. Wir wünschen uns, dass schon kleine Schritte hin zu unserem Ansatz neue Hoffnung wecken und neue Möglichkeiten eröffnen.

Die Welt steht heute vor einer Vielzahl von Herausforderungen. Insgesamt gesehen hat sich unser Wohlstand immens vermehrt, und die technologische Revolution trägt reichlich Früchte. Doch gleichzeitig leben Milliarden Menschen in größter Armut, wir werden von Umweltkatastrophen bedroht, und selbst die Menschen in den wohlhabenden Nationen blicken verunsichert in die Zukunft. Die Lösung dieser Probleme erfordert eine neue Form der Führung, die die Dinge so sieht, wie sie wirklich sind, und sie in einem ganzheitlichen Ansatz angeht. Genau darum geht es in diesem Buch.

Wahre Führungspersönlichkeiten sind in der Lage, eine Fragestellung aus ganz unterschiedlichen Perspektiven zu betrachten und vor diesem erweiterten Horizont die richtigen Entscheidungen zu treffen. Sie sind innerlich ruhig, gesammelt und konzentriert und lassen sich nicht durch negative Gedanken und Gefühle ablenken. Wahre Führung erkennt, dass Veränderungen unvermeidlich sind, und dass wir unsere universelle Verantwortung begreifen und unser Wirtschaftssystem nach moralischen Werten gestalten müssen.

An dieser Stelle wollen der Dalai Lama und ich unserer Hoffnung Ausdruck verleihen, dass mit besseren Entscheidungen unserer wirtschaftlichen und politischen Führer die Welt für alle Menschen besser wird.

Teil 1

SELBSTFÜHRUNG

Derjenige Herrscher herrscht am besten über sein Land, der zuerst sich selbst beherrscht.

Kapitel 1

RECHTE ANSCHAUUNG

Manche Menschen sind der irrigen Ansicht, der Buddhismus fördere eine passive Haltung und verlange von den Menschen, der materiellen Welt zu entsagen, um in aller Abgeschiedenheit zu meditieren. Tatsächlich sind es jedoch nur Mönche und Nonnen, die sich in die Einsamkeit zurückziehen. Der Buddhismus als Philosophie beschäftigt sich mit den klassischen philosophischen Fragestellungen: Was ist die Wahrheit, und wie können wir sie erkennen? Was ist der Sinn des Lebens? Was ist das Universum, in dem wir leben? Was ist die menschliche Natur, welche Pflichten haben wir, wie sieht unser Schicksal aus? Was ist gut und was ist schlecht?

Doch vor allem betont der Buddhismus das richtige Handeln: Was soll ich tun? Die Essenz des Buddhismus lässt sich in den beiden Grundprinzipien »Rechte Anschauung« und »Rechtes Handeln« zusammenfassen. Die Rechte Anschauung hat für sich genommen keinen Wert, wenn sie nicht zu Rechtem Handeln führt – und Rechtes Handeln ist natürlich eine Grundvoraussetzung für unternehmerischen Erfolg.

Führen heißt, Entscheidungen zu treffen, und zwar nicht irgendwelche, sondern die richtigen. Die Entscheidungen von international agierenden Konzernmanagern haben Auswirkungen für Tausende oder gar Millionen von Menschen, und die Entscheidungen von politischen Führern betreffen gar zig Millionen. Darum ist es von größter Wichtigkeit, die richtigen Entscheidung zu treffen, denn unangemessene können fatale Folgen haben.

Nach buddhistischer Auffassung zeichnet sich eine gute Führungspersönlichkeit dadurch aus, dass sie die richtigen Entscheidungen trifft. Voraussetzung sind die Rechte Anschauung und innere Ruhe, Sammlung und Konzentration sowie die Fähigkeit, sich nicht durch negative Gedanken und Gefühle ablenken zu lassen. In diesem Kapitel wollen wir einige der zentralen Vorstellungen des Buddhismus präsentieren und zeigen, wie deren Umsetzung unsere Lebensqualität und unsere Unternehmen verbessern kann.

Um die Qualität ihrer Entscheidungen zu verbessern, müssen Führungskräfte ihren Geist schulen. Nach buddhistischer Überzeugung hat es jeder Mensch selbst in der Hand, seinen Geist zu entwickeln und so sich selbst und andere glücklicher zu machen. Voraussetzungen sind richtiges Denken und richtiges Handeln. Doch Sie können nicht richtig handeln, wenn Sie nicht richtig denken.

Richtig zu denken heißt, vor jeder Handlung sicherzustellen, dass Sie in der richtigen Absicht und mit der richtigen Motivation handeln. Die richtige Absicht bedeutet, dass Sie und alle Betroffenen aus der Handlung Nutzen ziehen, dass Sie also bei Ihrer Entscheidung Ihr Wohl und das anderer Menschen einbeziehen. Dies gilt für Einzelpersonen genauso wie für Unternehmen.

Die richtige Absicht ist Teil der buddhistischen Vorstellung der Rechten Anschauung. Zu dieser Rechten Anschauung gehören außerdem drei Erkenntnisse über die Realität: 1. Nichts ist von Dauer, alles befindet sich in einem ständigen Prozess der Veränderung. 2. Nichts existiert nur für sich allein. 3. Nichts existiert ohne Ursache. Dies mag offensichtlich klingen, doch wir vergessen es oft, wenn wir vor einer Entscheidung stehen.

Gegenseitige Abhängigkeit und ständige Veränderung sind auch zwei der Grundgedanken der westlichen Systemtheorien. Diese Theorien wurden unter anderem von Wissenschaftlern des Massachusetts Institute of Technology (MIT) entwickelt, zum Beispiel von Peter Senge, der die lernende Organisation erforschte, von Jay Forrester, einem Pionier der Systemdynamik, oder von Marvin Minsky, der die Theorie der »Gesellschaft des Geistes« aufstellte, um menschliche Erkenntnis zu erklären. Am Santa Fe Institute im US-Staat New Mexico, an dem Nobelpreisträger wie Murray Gell-Mann und Kenneth Arrow gewirkt haben, entwickeln Wissenschaftler unser Verständnis vom Funktionieren komplexer Systeme wie zum Beipiel der Wirtschaft und der Gesellschaft weiter. Sie alle suchen Antworten auf dieselbe Grundfrage: Wie wirken sich unsere Handlungen aus, und wie spielen Ursachen und Wirkungen zusammen? Etwas Ähnliches meinen wir mit dem Wort »Ganzheitlichkeit«.

Richtiges Denken erfordert einen ruhigen, gesammelten und konzentrierten Geist. Unter dem Einfluss von Ärger, Eifersucht, Angst oder mangelndem Selbstvertrauen sind wir unruhig, ineffizient, also gerade nicht innerlich ruhig, gesammelt und konzentriert. Um diese negativen Gedanken und Gefühle gar nicht erst aufkommen zu lassen, können wir die Fähigkeit der *Achtsamkeit* erlernen. Achtsam zu sein bedeutet, dass wir erkennen, wann negative Emotionen unser Denken beeinträchtigen. Außerdem können wir lernen zu verhindern, dass diese negativen Emotionen unseren Geist beherrschen. Wir können die Kontrolle über unsere geistige Verfassung gewinnen und dauerhaft erhalten, um Entscheidungen im Einklang mit der Rechten Anschauung zu treffen. In den folgenden Kapiteln erfahren Sie, wie Sie Ihren Geist entsprechend schulen können.

Das buddhistische Prinzip der Rechten Anschauung bezieht sich auf die Absicht hinter einer Entscheidung. Das Rechte Handeln, das zweite erwähnte buddhistische Prinzip, bezieht sich auf die Qualität der Handlungen, die ein Unternehmen und seine Mitarbeiter auf Grundlage dieser Entscheidung einleiten. Bei jeder unserer Handlungen sollten wir die Auswirkungen auf andere berücksichtigen. In Kapitel 2 werden wir näher auf dieses Prinzip des Rechten Handelns eingehen.

Dieses Buch wendet erstmals die buddhistischen Prinzipien der Rechten Anschauung und des Rechten Handelns auf Entscheidungsprozesse in Organisationen im Allgemeinen und Unternehmen im Besonderen an. Eine Organisation ist nicht identisch mit der Summe ihrer Angehörigen, sie ist gleichzeitig mehr und weniger. Sie ist mehr, denn eine Organisation kann vieles erreichen, was Einzelpersonen nicht vermögen. Und sie ist weniger, denn ihre Angehörigen haben ein Privatleben, Familien, Freunde und gehören anderen Gruppen an.

Wir wollen nicht den Eindruck vermitteln, als sei es ein Leichtes, die Prinzipien der Rechten Anschauung und des Rechten Handelns umzusetzen. Das ist es keineswegs. Kaum jemand erreicht Perfektion. Doch wir alle können unseren Geist schulen und unsere Leistungen verbessern, wenn wir es wirklich wollen. Dies trifft auch auf jede Organisation zu, egal ob es sich dabei um kleine, große,

private, staatliche, wohltätige oder gemeinnützige Unternehmungen handelt.

In diesem Buch geht es nicht darum, den Buddhismus als Religion oder als Lebensstil zu vermitteln. Der Dalai Lama ist der Ansicht, dass wir in jeder religiösen Tradition Werte finden, die uns helfen können, ein gutes und verantwortungsvolles Leben zu führen, genauso wie wir ohne Religion ein gutes und verantwortungsvolles Leben führen können. Die Vorstellungen in diesem Buch lassen sich daher grundsätzlich von allen Menschen annehmen und praktizieren.

Spontan könnte man vermuten, dass es einen erheblichen Widerspruch zwischen Buddhismus und Unternehmen gibt. Doch der gemeinsame Nenner ist die Bedeutung, die beide dem Glück beimessen. Ein Unternehmen, dessen Angestellte, Kunden oder Aktionäre unzufrieden sind, wird schließlich eingehen. Und Buddha sah den Zweck seiner Lehre darin, die Ursachen des Unglücks zu erkennen und Leid zu lindern. Die Ursache allen Leids lag für ihn in der Ich-Bezogenheit – diesen Zusammenhang nannte er sogar ein Naturgesetz.

Diese Ich-Bezogenheit ist die Ursache der negativen Gedanken und Emotionen, denen es gleichgültig ist, wie sie sich auf andere auswirken. Betrug, Lüge, Heuchelei, Aggression, Ärger, Arroganz, Eifersucht, Boshaftigkeit und Groll sind einige dieser negativen Gedanken oder Gefühle. Wenn es Ihnen gelingt, diese zu reduzieren, werden Sie feststellen, dass sich Ihr Verhältnis zu anderen Menschen rasch verbessert. Das ist nicht schwer zu verstehen. Wir haben lieber mit Menschen zu tun, die an unserem Wohl interessiert sind, als mit Menschen, die sich nur für sich selbst interessieren. Viele Menschen sind sich dieser Tatsache jedoch in keiner Weise bewusst. Wenn sie mit anderen in Kontakt kommen, versuchen sie, ihre Vorstellungen durchzusetzen und die anderen von der eigenen Wichtigkeit zu überzeugen, ohne das geringste Interesse an ihnen zu zeigen.

Wenn sie verstehen, welchen Schaden negative Gedanken und Emotionen anrichten können, erkennen die meisten Menschen, wie sinnvoll es ist, diese zu kontrollieren. Eine hilfreiche Maßnahme ist die Installation eines »Frühwarnsystems«, einer inneren Stimme, die Ihnen sagt: »Du näherst dich einer negativen geistigen Verfassung. Vorsicht: Pass auf, dass du nicht die Kontrolle über dein Denken und dein Fühlen verlierst.« Besonders nützlich ist es, wenn Sie sich sagen: »Denk daran, keine wichtigen und unumkehrbaren Entscheidungen zu treffen, wenn die negativen Gedanken stark sind.«

Im Laufe der Zeit kommen Sie an einen Punkt, an dem diese negativen Gedanken oder Emotionen nur noch sehr selten oder gar nicht mehr aufkommen. Dies erfordert Jahre der Übung – doch Sie werden reichlich dafür belohnt werden.

Die Ausführungen des Dalai Lama machen deutlich, welche Möglichkeiten die Lehre des Buddhismus eröffnet und wie sie sich in der Unternehmenswelt anwenden lässt. Auf den ersten Blick mögen Unternehmertum und Buddhismus eine merkwürdige Kombination sein. Unternehmen, denen es in erster Linie um Produktion, Profit und Wachstum geht, scheinen schlecht vereinbar mit dem Buddhismus, der das Mitgefühl mit anderen und das Wohl der

Menschheit sowie des gesamten Planeten betont. Bei genauerem Hinsehen wird jedoch deutlich, dass es sowohl in Unternehmenspraktiken als auch in buddhistischen Prinzipien um Glück geht und darum, die richtigen Entscheidungen zu treffen. Die Verbindung aus beiden ist also gar nicht so sonderbar – im Gegenteil, im Zusammenspiel können sie helfen, die wichtigsten Probleme unserer Zeit zu lösen. Genau davon gehen wir in diesem Buch aus.

Es wäre unrealistisch, eine rasche, systematische Veränderung des globalen Wirtschaftssystems zu erwarten. Deshalb muss die schrittweise Veränderung bei jedem einzelnen Menschen und Unternehmen beginnen. Es sind die Führungskräfte in Unternehmen, Regierungen und gemeinnützigen Organisationen, die den anderen den Weg in die Zukunft weisen können. Was nicht heißen soll, dass Führungskräfte nur »oben« in der Hierarchie einer Organisation zu finden sind – im Gegenteil: Anführer finden sich auf jeder Ebene. Wir wollen keineswegs den Eindruck erwecken, als könnten die Mitarbeiter auf den unteren Ebenen einer Organisation erst dann den richtigen Weg einschlagen, wenn das Topmanagement die richtige Richtung vorgibt.

Rechte Anschauung: Weisheit entfalten

Wir wollen zwei Aspekte der Rechten Anschauung betrachten: den Entscheidungsprozess selbst sowie drei grundlegende Erkenntnisse, die in jede Entscheidung einfließen sollten. Führungskräfte stehen ständig vor der Aufgabe, Entscheidungen fällen zu müssen. Unser Anliegen ist es, dafür zu sorgen, dass der *Prozess* – vom Entschluss bis zur Umsetzung und dem Umgang mit den Folgen – so gut wie möglich funktioniert. Bei jeder Entscheidung geht es nach dem Prinzip der Rechten Anschauung immer auch um die Frage, welche Konsequenzen sich aus der Umsetzung ergeben.

Zunächst geht es bei einem Entscheidungsprozess darum, zu klären, mit welcher *Absicht* wir eine mögliche Handlung durchführen wollen. Diese Absicht sollte gut sein, mit anderen Worten, die Handlung sollte zumindest niemandem schaden. In manchen Fällen lässt es sich nicht vermeiden, dass eine Handlung den einen nutzt und den anderen beeinträchtigt. Trotzdem sollte alles getan und kreative sowie innovative Lösungen entwickelt werden, um den Schaden so gering wie möglich zu halten. Im Verlauf dieses Buches stellen wir Ihnen verschiedene Beispiele für gute Entscheidungsprozesse vor.

Der zweite wichtige Punkt ist die *geistige Verfassung* der Führungskraft und so weit wie möglich auch der anderen am Entscheidungsprozess Beteiligten. Der Entscheider sollte die Ursache möglicher negativer Gedanken oder Emotionen wie etwa einer Abwehrhaltung oder Ärger erkennen und seinen Geist erneut beruhigen, sammeln und konzentrieren.

Vor Abschluss des Prozesses sollten sich die Beteiligten fragen: Nutzen die Entscheidungen in all ihren Konsequenzen meiner Organisation und den anderen Beteiligten? Was ist meine Motivation: Suche ich nur meinen eigenen Nutzen, oder geht es mir auch um den Nutzen der anderen?

Drei buddhistische Vorstellungen helfen dabei, den Zusammenhang von Ursache und Wirkung in Entscheidungsprozessen besser zu verstehen. Es sind die Vorstellungen des bedingten Entstehens, der gegenseitigen Abhängigkeit und der Vergänglichkeit. Diese drei Prinzipien wird der Dalai Lama in der Folge näher erläutern.

Bedingtes Entstehen ist eine andere Bezeichnung für das Prinzip von Ursache und Wirkung, von Handlung und Konsequenz. Nichts existiert ohne Ursache, und nichts verändert sich aus sich heraus.

Dieses Prinzip ist an sich nichts Neues, doch wenn wir uns dessen wirklich bewusst sind, kann dies große Auswirkung haben, und zwar aus den folgenden Gründen. Eine Entscheidung bewirkt Veränderungen. Auf diese Veränderungen folgen zahllose Reaktionen, teils positive, teils negative. So kompetent und geistig geschult Entscheider auch sein mögen, sie können unmöglich sämtliche Auswirkungen ihrer Handlungen absehen. Doch Führungskräfte, die in der richtigen Absicht handeln und die Auswirkungen ihrer Entscheidungen so gründlich wie möglich überdenken, machen weniger Fehler.

In diesem Zusammenhang spielen zwei weitere Prinzipien eine Rolle: die Dinge so zu sehen, wie sie wirklich sind, und die Konsequenzen aus Sicht der anderen und aus möglichst vielen Perspektiven zu betrachten. Wir werden auf die Anwendung dieser beiden Prinzipien immer wieder zurückkommen.

Es gibt einen kleinen, aber interessanten Unterschied zwischen dem »klassischen« Zusammenhang von Ursache und Wirkung und der buddhistischen Vorstellung des bedingten Entstehens. Das bedingte Entstehen betont nämlich den *Prozess* zwischen Ursache und Wirkung. Bei der Untersuchung dieses Prozesses gilt die besondere Aufmerksamkeit den Bedingungen, die ein Ereignis ermöglicht haben, und den Bedingungen, von denen die Wirkung abhängt. Der Erfolg einer Entscheidung ist immer zahlreichen Bedingungen geschuldet, und auch diese müssen analysiert werden.

In einem Gespräch mit dem Dalai Lama fiel mir ein einfaches Beispiel für das bedingte Entstehen ein. Stellen Sie sich vor, eine Führungskraft aus dem Topmanagement stellt fest, dass eine Kollegin in einem kleineren und weniger erfolgreichen Konkurrenzunternehmen mehr verdient als sie. Das findet sie natürlich unfair. (Es wäre seltsam, wenn sie stolz darauf wäre, weniger zu verdienen als eine weniger erfolgreiche Kollegin.) Ihr Denkprozess mündet in die Frage: »Soll ich etwas unternehmen, und wenn ja, was?« Eine Führungskraft, die nicht mit den Prinzipien der Rechten Anschauung und des Rechten Handelns vertraut ist, wird vermutlich beim Aufsichtsrat vorstellig werden, darauf hinweisen, dass sie unterbezahlt ist, und vorschlagen, einen Berater zu verpflichten, der die Gehaltssituation analysiert und eine faire Bezahlung ermittelt. Über die möglichen weitergehenden Auswirkungen ihrer Handlung auf andere macht sie sich keine Gedanken.

Eine Führungskraft, die mit den Prinzipien der Rechten Anschauung und des Rechten Handelns vertraut und geistig geschult ist (wie wir in Kapitel 2 und 3 noch näher erläutern werden), denkt dagegen anders. Sie fragt sich: »Bin ich gierig? Handle ich egoistisch?« Damit könnte sie den Gedankengang entweder sofort beenden, oder sie könnte vorsichtig weiterdenken. Sie könnte sich überlegen, dass sie sehr viel mehr verdient, als sie für ein angenehmes Leben benötigt. Andererseits könnte ihr natürlich auch einfallen, dass andere Führungskräfte in ähnlichen Positionen eine Skihütte in den Alpen haben. Doch dann erkennt sie, wie sich die Eifersucht in ihre Gedanken einschleicht. Sie fragt sich also: »Wie würde sich meine Gehaltsforderung auf den Rest des Unternehmens auswirken?« Dies ist ein typisches Beispiel dafür, wie man sich negativer Gedanken und Emotionen bewusst werden kann. Sie erinnert sich vielleicht daran, dass das Unternehmen in letzter Zeit zahlreiche

Mitarbeiter entlassen hat. Wäre es fair, mehr Gehalt zu fordern? Würde die Moral darunter leiden? Sie bedenkt die Auswirkungen ihres Handelns so lange, bis sie zu einer Entscheidung kommt.

Die Entscheidung ist offen: Sie könnte sich entschließen, mit ihren Vorgesetzten über die unfaire Bezahlung zu sprechen, oder den Fall auf sich beruhen lassen. In jedem Fall analysiert die geistig geschulte Führungskraft die Konsequenzen ihrer Handlung und achtet bewusst auf egoistische Motivation und negative Emotionen wie Eifersucht.

Natürlich werden Entscheidungen komplexer, wenn es nicht mehr um eine einzelne Führungskraft geht, sondern um ein Unternehmen. Wenn Unternehmen Entscheidungen treffen, dann müssen die Auswirkungen in vielen Bereichen bedacht werden: Finanzielle Risiken und der Ruf des Unternehmens müssen genauso berücksichtigt werden wie die Interessen der Mitarbeiter und anderer Betroffener.

Gegenseitige Abhängigkeit ist nichts anderes als das Gesetz von Ursache und Wirkung aus einer anderen Perspektive. Da nichts ohne Ursache existiert und jede Ursache zahlreiche Wirkungen hat, ist die gegenseitige Abhängigkeit der unterschiedlichen Phänomene die logische Folge. Hier geht es darum, unsere Abhängigkeiten von anderen in den Blick zu nehmen. Jede Handlung hat Auswirkungen auf uns selbst und andere. Meine Handlung hat Konsequenzen für andere Menschen. Und deren Reaktion auf meine Handlungen wirkt wiederum auf mich zurück und so weiter.

Ein Unternehmen ist ein typisches Beispiel für gegenseitige Abhängigkeit. Es hängt von politischen Entwicklungen, gesetzlichen Verordnungen, Kunden, Mitarbeitern, Aktionären, Händlern und so weiter ab – eine endlose Abfolge von Handlungen und Reaktionen.

Das Netz des Indra verdeutlicht das Prinzip der gegenseitigen Abhängigkeit auf eindrucksvolle Weise.[1] Indra war der indische Göttervater und benutzte ein Netz in Form einer Kugel. An jedem Knoten befand sich ein Edelstein. Wenn ein Edelstein Licht abstrahlt, dann wird dies von allen anderen Steinen reflektiert. Das reflektierte Licht kehrt zum ursprünglichen Stein zurück und wird erneut ausgesandt. Stellen Sie sich vor, Sie sind einer dieser Edelsteine. In diesem vernetzten System sind Sie, die anderen Menschen und das gesamte Netz in einem Prozess ständiger Veränderung verbunden.

Führungskräfte erkennen, dass sie auf andere angewiesen sind. Doch sie verstehen oft nicht, wie sehr sie von der Reaktion von Menschen abhängen, über die sie keine Kontrolle ausüben können, beispielsweise ihren Kunden oder den Medien. Die besten Führungspersönlichkeiten sind sich bewusst, wie wichtig diese Interaktionen für ihr Renommee sind: Nach einem schwerwiegenden Fehler kann es Jahrzehnte dauern, bis ein beschädigter Ruf wiederhergestellt ist.

Vergänglichkeit ist schließlich eine weitere Folge des Gesetzes von Ursache und Wirkung. Aufgrund unzähliger Ursachen und Wirkungen gibt es nichts, das unveränderlich ist und das keine Ursache hat. Diese Vorstellung führt immer wieder zu Verwirrung, da sie in der buddhistischen Literatur oft als »Leerheit« bezeichnet wird. Dies ist eine Verkürzung für »das Nichtvorhandensein von etwas, das aus sich heraus existiert«, von etwas also, das keinerlei Anfang hat und völlig unabhängig existiert. Oder noch anders gesagt: Das Einzige, was wirklich existiert, sind Prozesse in einem komplexen Zusammenspiel von Ursachen und Wirkungen. Wir wissen, dass dem so ist, doch es gefällt uns nicht; dauerhafte und zufriedenstellende Zustände wären uns lieber.

Viele Führungskräfte in Unternehmen machen denselben Fehler. Sie legen Ziele fest und hoffen, dass mit deren Umsetzung ein dauerhafter und zufriedenstellender Zustand erreicht sei. Doch das ist unmöglich. Ziele verändern sich ständig.

Wir müssen erkennen, dass unendlich viele Prozesse ablaufen, die es unmöglich machen, einen permanenten Zustand der Zufriedenheit zu erreichen, in dem wir keine weiteren Veränderungen – angenehme wie unangenehme – vornehmen müssten. Wir müssen der Realität ins Auge sehen und immer wieder Anpassungen einleiten. Eine der größten Herausforderungen der heutigen Gesellschaft besteht deshalb im Umgang mit den immer schneller stattfindenden Veränderungen. Selbst Unternehmen, die über Jahre hinweg erfolgreich waren, können nicht für alle Zeiten erfolgreich bleiben.

Vergänglichkeit (oder »permanente Veränderung«) zeigt sich überall in der Unternehmenswelt. Führungskräfte von heute sind nur zu vertraut mit diesem Phänomen. Robert H. Rosen, Gründer von Healthy Companies International, beschreibt:

> Auf meinen Reisen durch Asien beeindruckte mich besonders die buddhistische Vorstellung der Vergänglichkeit. Diese Vorstellung bedeutet, dass Veränderung der eigentliche Naturzustand ist, dass alles im Leben wächst und vergeht, und dass Ungewissheit wie Sorge ein fester Bestandteil des Lebens ist ... Ich blickte hinter die Titel der Führungskräfte, mit denen ich zusammentraf, und sah wirkliche Männer und Frauen mit persönlichen Hoffnungen, Empfindlichkeiten und Ängsten. Ich erkannte, dass jeder von uns den größten Teil seines Lebens mit einem gewissen Grad an Sorge verbringt.[2]

Unternehmen sind auf Innovation angewiesen, sie müssen sich selbst immer wieder neu erfinden, Marken neu positionieren und Wege erkunden, um auf dem globalen Markt wettbewerbsfähig zu bleiben und die sich wandelnden Kundenwünsche zu bedienen. Darum leuchtet Führungskräften von allen buddhistischen Vorstellungen die Vergänglichkeit vermutlich am ehesten ein. Trotzdem reagieren viele Unternehmen zu langsam, sie verpassen die nächste Innovationswelle oder bringen neue Produkte zu spät auf den Markt.

Vielleicht fragen Sie sich, warum wir drei Vorstellungen benötigen, die mehr oder minder dasselbe beschreiben. Doch die Erfahrung mehrerer Jahrtausende zeigt, dass jede dieser Vorstellungen unterschiedliche Bereiche des Geistes aktiviert und Sie so ein tiefergehendes Verständnis der Realität gewinnen. Versuchen Sie es!

Die buddhistische Sichtweise ist nicht fatalistisch, sie verlangt keineswegs von uns, Veränderungen zum Schlechten einfach hinzunehmen. Im Gegenteil, wenn Sie sich der permanenten Veränderung bewusst sind und versuchen, Veränderungen zum Schlechteren frühzeitig zu erkennen, können Sie eine negative Entwicklung aufhalten und oft sogar in eine Chance verwandeln. Unternehmen sollten deshalb stets versuchen, positiv mit Veränderungen umzugehen.

Der Buddhismus betont, dass die drei Vorstellungen des bedingten Entstehens, der gegenseitigen Abhängigkeit und der Vergänglichkeit über das bloße intellektuelle Verstehen hinausgehen müssen. Sie müssen »erkannt« werden, das heißt, sie müssen auf emotionaler Ebene erlebt und zu einem integralen Bestandteil des Gehirns werden.

Solange wir auf dieser Welt leben, werden wir immer wieder Problemen begegnen. Wenn wir dann die Hoffnung und den Mut verlieren, sind wir weniger gut in der Lage, mit den Schwierigkeiten umzugehen. Wenn wir dagegen daran denken, dass wir nicht die einzigen sind, die Probleme zu lösen haben, sondern dass jeder Mensch Leid erfährt, fühlen wir uns entschlossener und sind besser gerüstet, unsere Schwierigkeiten zu überwinden. Mehr noch, mit dieser Einstellung können wir jedes Hindernis als eine neue wertvolle Gelegenheit zur Schulung unseres Geistes begreifen.

Dieses Buches will Führungskräften helfen, ihre Fähigkeit weiterzuentwickeln, jede Fragestellung aus mehreren Perspektiven zu betrachten – langfristig, kurzfristig und aus Sicht unterschiedlicher Interessengruppen –, um auf Grundlage dieser erweiterten Sichtweise die richtigen Entscheidungen zu treffen.

Die Realität annehmen, positiv bleiben

Um die Realität wirklich zu verstehen und die Dinge so zu sehen und zu akzeptieren, wie sie wirklich sind, müssen wir nach Ansicht

des Buddhismus die Rechte Anschauung entwickeln und negative Emotionen wie Ärger oder Eifersucht weitgehend unter unsere Kontrolle bringen. Zwei Verhaltensweisen hindern uns immer wieder daran, die Realität so zu sehen, wie sie wirklich ist: Zum einen geben wir uns gern Wunschdenken hin, und zum anderen bleiben wir in den Problemen der Vergangenheit verhaftet, so als wären sie Teil der Gegenwart.

Wunschdenken ist in der Wirtschaft weit verbreitet. Der Markt verlangt von Unternehmen, Fortschritte zu machen und fest an die eingeschlagene Richtung zu glauben. Ein pessimistischer Unternehmer hat vermutlich wenig Erfolg. Doch der Wunsch nach Erfolg führt dazu, dass viele Unternehmer negative Signale übersehen. Ein gutes Beispiel sind Mitarbeiter, die Probleme an ihrem Arbeitsplatz erkennen und lange warten, ehe sie ihre Vorgesetzten darauf aufmerksam machen. Möglicherweise hoffen sie, dass sich das Problem von selbst erledigt, um nicht die Überbringer schlechter Nachrichten sein zu müssen. Oft zögern sie beispielsweise, ihre Vorgesetzten über Korruption unter Kollegen zu informieren, oft aus der berechtigten Furcht, sie könnten selbst dafür bestraft werden. Situationen wie diese kommen immer wieder vor. Das erklärt, warum die Unternehmensleitung von vielen Problemen erst dann erfährt, wenn sie bereits außer Kontrolle geraten und schwer zu beheben sind. Nehmen Sie dagegen die folgende Maxime eines Konzerns: »Gute Nachrichten müssen sich langsam verbreiten, schlechte Nachrichten dagegen schnell.«[3] Ein Unternehmen, das sich an diese Grundregel hält, ist über mögliche Probleme informiert, ehe sich diese zu einer ernsthaften Bedrohung auswachsen. Dies ist eine effektive Methode, die Realität zu erkennen, ehe es zu spät ist.

In den Problemen der Vergangenheit verhaftet zu sein, als wären sie Teil der Gegenwart, bedeutet, frühere Erfahrungen auf die Gegenwart zu übertragen. Wenn wir negatives Denken zulassen, verschwenden wir viel Zeit und Energie darauf, uns über ein vergangenes Ereignis aufzuregen und zu ärgern. Viele Führungskräfte tappen in diese Falle und vergeuden ihre emotionale Energie für Unrecht, das ihrem Unternehmen in der Vergangenheit zugestoßen ist. Sich mit der Vergangenheit aufzuhalten, so als wäre sie Gegenwart, ist kontraproduktiv und Zeitverschwendung.

Nehmen wir die Geschichte von Thitinart na Pattalung, der Vorstandsvorsitzenden des Unternehmens Working Diamond in Thailand. Thitinart war eine erfolgreiche Managerin, bis ihr Geschäftspartner sie betrog und sie alles verlor. Sie reagierte mit Depression und Zorn. Dann schlug ein Freund ihr vor, einen Meditationskurs zu besuchen. Zu Beginn des Kurses sah sie jedes Mal, wenn sie die Augen zur Meditation schloss, das Gesicht ihres betrügerischen Geschäftspartners und wurde wütend. Nach einigen Sitzungen wurde sie ruhiger und war in der Lage, ihre Gedanken zu analysieren. Sie erkannte, dass das, was sie als »real« erlebte, in Wirklichkeit nichts anderes war als ein Prozess in ihrem Kopf. Vor ihrem geistigen Auge spielte sie wieder und wieder den Verrat durch. In ihrem Zorn über vergangene Ereignisse kam sie sich vor wie jemand, der eine Glasscherbe in der Hand hält und zudrückt, bis die Hand blutet, nur um dann noch fester zuzudrücken, bis die Hand noch stärker blutet. Als sie erkannte, dass ihr Ärger nur in ihrem Kopf existierte, konnte sie sich von ihrer Verbitterung über die Vergangenheit befreien.

Entscheidungen werden in erster Linie getroffen, um Veränderungen zu bewirken. Veränderung wird oft begriffen als ein einfacher Schritt von einer Situation zu einer anderen, doch dies ist eine gefährliche Vereinfachung. Unsere gegenwärtige Situation ist Konsequenz einer Unzahl von Ursachen und Faktoren der Vergangenheit, und sie hängt von einer Unzahl von Ursachen und Faktoren in der Gegenwart ab. Sie verändert sich fortwährend und ist vergänglich. Die Erkenntnis dieser gegenseitigen Abhängigkeiten und Vernetzungen macht uns bescheiden und lässt uns akzeptieren, dass erfolgreiche Veränderung ein komplexer Prozess ist. Diese Einsicht bewirkt ein ganzheitliches Verständnis der Veränderung. Mit anderen Worten, bedenken Sie vor einer Entscheidung die möglichen Folgen aus unterschiedlichen Perspektiven und beobachten Sie danach genau, wie die Entschlüsse umgesetzt werden.

Die buddhistische Vorstellung der Rechten Anschauung ist in der Theorie leicht verständlich, doch die richtige Anwendung erfordert Geschick. Jede Situation ist einmalig, es gibt keine Patentrezepte. Ein Verständnis des Prinzips ist ein erster Schritt, doch Entscheider müssen in jedem Fall gründlich nachdenken, und sie müssen ihre Fähigkeiten weiterentwickeln, mit widersprüchlichen Zielen umzugehen, kurz- und langfristige Folgen abzuwägen und verschiedene Interessengruppen zu berücksichtigen. Die Verwendung dieser Prinzipien erfordert Übung, und mit der Übung kommt das Geschick.

Die Rechte Anschauung ist die Grundlage für die übrigen

Konzepte in diesem Buch. Es ist unmöglich, mit einer falschen Anschauung positive Veränderungen zu bewirken.

Die folgenden beiden Kapitel erläutern, wie Sie die Rechte Anschauung mit dem verwandten Prinzip des Rechten Handelns verbinden können, und zeigen Ihnen, warum es so wertvoll ist, diszipliniert geistige Übungen durchzuführen, die Ihnen und Ihren speziellen Umständen entsprechen. Wenn Sie die Prinzipien der Rechten Anschauung und des Rechten Handelns beachten, folgen gute Entscheidungen von selbst.

Kapitel 2

RECHTES HANDELN

Der Buddhismus legt großen Wert darauf, dass Menschen, die buddhistische Prinzipien lehren, diese auch selbst umsetzen. Im Indien zur Zeit Buddhas wurden Lehrer und Philosophen nur ernst genommen, wenn sie das, was sie predigten, auch selbst lebten. So einfach und klar die Lehren Buddhas sind, der Schritt von der Theorie zur Praxis und die notwendigen Verhaltensänderungen erfordern Entschlossenheit und Einsatz. Die vollständige Beherrschung dieser Prinzipien ist ein würdiges Ziel.

Für wahre Führungspersönlichkeiten von heute gilt dasselbe wie für die indischen Philosophen von einst. Eine Führungskraft wird nur als solche respektiert, wenn sie selbst nach den Prinzipien handelt, die sie verkündet. Anders ausgedrückt: Viele Menschen ahmen das Verhalten ihrer Vorgesetzten nach. Wenn sich dieses von den verkündeten Prinzipien unterscheidet, orientieren sich diese Menschen am Verhalten, nicht an den Prinzipien.

Im Buddhismus gilt ein Mensch als die Summe aller seiner Handlungen bis zum gegenwärtigen Zeitpunkt. Gute Handlungen machen einen guten Menschen, schlechte einen schlechten. Die Auswirkungen schlechter Handlungen lassen sich durch nachfolgende gute Handlungen abmildern. Dies nennt sich das Gesetz des Karma.

In Kapitel 1 haben wir gesehen, dass die Qualität einer Entscheidung durch die Rechte Anschauung verbessert wird und vom Geschick und von der Energie abhängt, mit der dieses Prinzip angewendet wird. Durch Entschlossenheit und Praxis (also durch geistige Übungen und Meditation) kann jeder lernen, die Qualität seiner Entscheidungen zu verbessern. Dies ist besonders nützlich für Führungskräfte, die vor der Frage stehen, was sie für ihr Unternehmen und seine Mitarbeiter tun wollen. Ihre daraufhin getroffenen Entscheidungen nehmen in der Unternehmenspolitik und -praxis sowie in den Rollen jedes Einzelnen innerhalb der Organisation Gestalt an. Einfacher gesagt hat der Manager die Aufgabe, den Bedürfnissen der gesamten Organisation genauso zu dienen wie denen der einzelnen Mitarbeiter.

Oft befinden sich Führungskräfte in Situationen, in denen sie offenbar nicht gewinnen können, weil unterschiedliche Interessen in einem scheinbar unauflöslichen Widerspruch zueinander stehen. Als Antwort auf dieses Dilemma bietet der Dalai Lama ein einfaches Prinzip an: Die Auswirkungen einer Entscheidung sollten der Organisation und allen Beteiligten nutzen. Schaden sollte vermieden werden. In der Realität kann eine Entscheidung einer Gruppe nutzen und einer anderen schaden. In diesem Fall sollten Sie die Lösung wählen, die den meisten Menschen nutzt.

Schwieriger wird es, wenn es sich nicht vermeiden lässt, dass einige Menschen Nachteile davontragen. Das buddhistische Prinzip lautet, wenn sich Schaden nicht vermeiden lässt, dann sollte dieser noch größere Nachteile für andere Menschen abwenden. Der Entscheidungsprozess besteht aus drei Schritten. Treffen Sie eine erste Entscheidung und überprüfen Sie, ob jemandem daraus Nachteile entstehen. Wenn nicht, setzen Sie die Entscheidung um. Wenn ja, suchen Sie unter Einsatz Ihrer Kreativität nach einer Lösung, die niemanden beeinträchtigt. Ist es unmöglich, Schaden zu vermeiden, stellen Sie sicher, dass er gerechtfertigt ist, weil auf diese Weise größere Nachteile abgewendet werden, oder weil andere Beteiligte großen Nutzen aus der Entscheidung ziehen. Wenn beispielsweise ein Unternehmen in eine finanzielle Krise gerät, weil seine Verkäufe eingebrochen sind, lässt sich die Entlassung einiger Mitarbeiter rechtfertigen. Natürlich entsteht diesen Menschen ein erheblicher Schaden, doch auf diese Weise können möglicherweise die Arbeitsplätze der übrigen Mitarbeiter gerettet werden. Natürlich wäre es besser gewesen, diese Krise von vornherein zu vermeiden, aber Krisen passieren nun einmal.

Eine gute Führungskraft muss die Fähigkeit entwickeln, mit Situationen wie diesen so umzugehen, dass die Entscheidung von Mitarbeitern und Außenstehenden als fair empfunden wird. Fairness allein reicht jedoch nicht aus: Die Führungskraft muss den Betroffenen die Gründe für die Entscheidung auch effektiv vermitteln.

Entscheiden und Handeln sind zentrale Aufgaben der Führung. Doch Handlung ist nicht gleich Handlung. Oft treffen Manager Entscheidungen, um ein Thema möglichst schnell abzuhaken, doch diese Vorgehensweise ist nicht zu empfehlen. In diesem Kapitel erklären wir, warum Handlungen »gesund« sein müssen, also ethisch und geprägt von der Rechten Anschauung und einem geschulten Geist. Diese ethischen Entscheidungen, so Buddha, schaffen Frieden. Nichthandeln kann eine ungesunde Handlung sein, denn auch wer die Hände in den Schoß legt, kann Schaden verursachen. Wie können wir also das Rechte Handeln lernen?

Ethische Entscheidungen

Nachdem Kenneth Lay, der frühere Vorstandsvorsitzende von Enron, im Jahr 2006 wegen Betrugs und Verschwörung verurteilt worden war, merkte einer seiner früheren Mitarbeiter an: »Wir wollen ehrliche Führungskräfte, die entschieden, kreativ, optimistisch und mutig sind. Dabei vergessen wir oft eine der entscheidenden Eigenschaften einer Führungspersönlichkeit: Bescheidenheit.«[4] Eine bescheidene Führungskraft hört anderen zu. Sie schätzt den Input ihrer Mitarbeiter, selbst wenn diese schlechte Nachrichten bringen. Bescheidene Führungskräfte zeichnen sich außerdem dadurch aus, dass sie ihre Fehler eingestehen können.

Die meisten Menschen würden zustimmen, dass ein gewisses Maß an Bescheidenheit eine zentrale Qualität der Führungspersönlichkeit ist. Eine Führungskraft sollte jedoch noch andere Eigenschaften wie etwa Freundlichkeit, Gelassenheit und Selbstvertrauen besitzen, Eigenschaften, die im Buddhismus ebenfalls eine wichtige Rolle spielen. Diese inneren Haltungen werden auch als »gesund« bezeichnet. Der Buddhismus zeigt, wie man die ungesunden Haltungen ablegen und durch gesunde ersetzen kann.

Im Buddhismus unterscheiden wir zwischen »gesunden« und »ungesunden« Tendenzen im Denken und Handeln. Gesunde Handlungen schaffen körperliches und moralisches Wohlbefinden und können deshalb als ethisch gelten. Ungesunde Handlungen verursachen dagegen Leid und richten Schaden an, weshalb sie als unethisch bezeichnet werden können. Jeder Mensch hat gesunde und ungesunde Tendenzen. Die Aufgabe besteht deshalb darin, die ungesunden Tendenzen abzulegen und sie durch gesunde zu ersetzen. Gesundes und ungesundes Denken und Handeln schließen einander aus: Es ist unmöglich, gleichzeitig verärgert und ruhig oder konzentriert und zerstreut zu sein.

Für unsere Zwecke wollen wir uns auf den Gegensatz zwischen gesunden und ungesunden geistigen Verhaltensweisen konzentrieren.[5] (Im weiteren Verlauf werden wir diese Faktoren auch als »positive« und »negative« Emotionen bezeichnen.) Wenn wir gesunde und ungesunde Verhaltensweisen einander paarweise gegenüberstellen, dann wird schnell erkennbar, was wir ablegen wollen und was an dessen Stelle treten soll. An diesem Punkt werden wir zunächst zwei Beispiele vorstellen, am Ende des Kapitels finden Sie weitere Paare.

Der Prozess des Ablegens ist in allen Fällen derselbe. Zunächst führen wir eine analytische Meditation (wie sie in Kapitel 3 beschrieben wird) zu einer bestimmten Einstellung durch – das heißt vereinfacht, wir denken darüber nach – und erkennen, inwieweit sie einen konstruktiven Beitrag leistet. In einem zweiten Schritt wenden wir eine Konzentrationsmeditation (die ebenfalls in Kapitel 3 beschrieben wird) auf unsere Erkenntnis an, um die fragliche negative Haltung abzulegen und durch eine positive zu ersetzen. Diese beiden Schritte müssen oft wiederholt werden. Im Laufe der Zeit wird dieser Ersetzungsprozess immer einfacher.

Diese inneren Haltungen mögen auf den ersten Blick wenig mit der Unternehmenswelt zu tun haben, doch das Gegenteil ist der Fall. Wenn Führungskräfte ungesunde Einstellungen ablegen und durch gesunde ersetzen, verbessert sich die Qualität der Führung sofort. Hier greift die alte Maxime vom »Führen durch gutes Beispiel«. Statt ihren Mitarbeitern zu sagen, wie sie zu handeln und was sie zu tun haben, bietet die mental geschulte Führungskraft ihr Verhalten zur Nachahmung an.

Selbstvertrauen ersetzt Unsicherheit

Nach Ansicht Buddhas ist der größte Schatz, den ein Mensch besitzen kann, sein Selbstvertrauen. Wir erwarten von Führungskräften, dass sie diese Eigenschaft besitzen, doch oft genug ist dieses Selbstvertrauen nur Fassade. Führungskräfte leiden oft an einem Mangel an Vertrauen in sich selbst, weil sie sich nicht sicher sind, ob sie die richtigen Entscheidungen treffen. Meiner Ansicht nach ist diese Art der Unsicherheit Zeitverschwendung, denn sie trägt nicht dazu bei, die richtigen Lösungen zu finden. Um dem entgegenzutreten, müssen Führungskräfte die Vorstellung des bedingten Entstehens (siehe Kapitel 1) auf ihren Alltag anwenden. Das heißt, sie müssen weise Entscheidungen treffen, die alle Faktoren miteinbeziehen. Sobald sich Führungskräfte diese vernetzte Denkweise zu eigen machen, spüren sie, dass sie richtig handeln, was wiederum Selbstvertrauen schafft.

Achtsamkeit und Konzentration ersetzen Achtlosigkeit, Zerstreutheit, Gedankenlosigkeit und Vergesslichkeit

Achtsamkeit bedeutet ganz einfach, aufmerksam zu sein. Wir haben eine feine Antenne, mit der wir diese Eigenschaft an anderen Menschen erkennen. Wenn Sie Ihrem Gegenüber in einem Gespräch nicht zuhören, dann bemerkt dieses das sehr schnell, und die Verständigung wird nahezu unmöglich. Jemand anderem aufmerksam zuzuhören ist nicht nur ein Zeichen des Anstandes, sondern auch ethisch und gesund.

Es ist nicht nur besonders wichtig, dass eine Führungskraft achtsam ist, sondern es wirkt auch sehr inspirierend. Wenn eine Führungskraft wirklich zuhört, fühlen wir uns ernst genommen und wichtig.

Nehmen wir zum Beispiel den Dalai Lama. Ich habe im Laufe der Jahre Hunderte vielbeschäftigter Menschen kennengelernt, doch wenige haben so viel zu tun wie er. Doch wenn ich mich mit ihm zu einem Gespräch treffe, habe ich das Gefühl, dass er mir einhundert Prozent seiner Aufmerksamkeit schenkt. Nie wurden wir unterbrochen, weil der Dalai Lama einen Anruf erhielt oder jemand hereinkam, um mit ihm zu sprechen, und das obwohl seine Zeit sehr wertvoll ist. Wenn eine Führungskraft dieses Gefühl vermitteln kann, dass ihr alle Menschen in ihrer Umgebung wichtig sind, dann entsteht Vertrauen. Und Vertrauen öffnet viele Türen.

Jeder kann davon profitieren zu lernen, wie man unerwünschte Haltungen ablegt und erwünschte annimmt. Uns bleibt mehr Zeit für produktive Tätigkeiten, und wir schaffen mit unseren Handlungen weniger Leid und mehr Wohl, wenn wir ungesunde Emotionen und Haltungen durch gesunde ersetzen. Wir können schneller zu

neuen Themen übergehen und verlieren weniger Zeit mit Schadensbegrenzung nach schlechten Entscheidungen. Die Umsetzung erfordert eine gewisse Übung: eine geschulte Beobachtung, Disziplin und ein gerüttelt Maß an Geduld.

Der Rechte Lebenserwerb

Eine der wichtigsten Entscheidungen, die wir zu treffen haben, bezieht sich darauf, wie wir unseren Lebensunterhalt erwerben wollen. Rechter Lebenserwerb bedeutet, seinen Unterhalt auf rechtschaffene Art und Weise zu verdienen sowie Wohlstand legal und mit friedlichen Mitteln zu erreichen. Der Buddha nennt insbesondere vier Tätigkeiten, die anderen Lebewesen schaden und deshalb vermieden werden sollten: Waffenhandel, der Handel mit Lebewesen (darunter fällt die Aufzucht von Tieren zur Schlachtung genauso wie Sklavenhandel und Prostitution), Arbeit in der Fleischproduktion und der Verkauf von Rauschmitteln und Giften, zum Beispiel Alkohol und Drogen. Außerdem sollte jede Tätigkeit vermieden werden, durch die die Prinzipien des Rechten Handelns verletzt werden.

Die Definition des Rechten Lebenserwerbs als »rechtschaffenes, gesetzestreues und friedliches Handeln« beinhaltet die wichtigsten Prinzipien. Die vier Tätigkeiten, die Buddha besonders hervorhebt, sollen jedoch kommentiert werden.

Ich bin der festen Überzeugung, dass Krieg falsch ist, dass er jedoch gerechtfertigt war, als die Alliierten Europa und Asien von der deutschen beziehungsweise der japanischen

Besatzung befreiten. Dazu waren Waffen unerlässlich. In jedem Fall sollte jedoch alles getan werden, um den Einsatz von Waffengewalt zu vermeiden.

Menschenhandel ist natürlich grundsätzlich falsch. Die Viehhaltung ist dagegen in den meisten Ländern verbreitet. Die meisten buddhistischen Mönche sind Vegetarier, wenn auch längst nicht alle. Ich wurde vegetarisch erzogen, doch nach einer ernsten Erkrankung empfahlen mir die Ärzte, ich solle in geringen Mengen Fleisch zu mir nehmen. Dies habe ich bis heute beibehalten.

Der Verkauf illegaler Drogen ist ebenfalls grundsätzlich falsch, doch der Verkauf von Rauschmitteln wie Alkohol ist in den meisten Ländern erlaubt. Dies stellt uns vor eine ähnliche Frage wie im Falle des Fleischverzehrs: die Frage der Freiheit. Versuche, den Verkauf von Alkohol zu verbieten, sind gescheitert und haben nur die Entstehung eines Schwarzmarktes gefördert. Diese Probleme müssen mit den Mitteln der Erziehung gelöst werden, ein Verbot ist offensichtlich keine Antwort.

Mit diesen Einschränkungen verdient jemand, der mit der richtigen Absicht handelt und sich an die Grundsätze der Rechten Anschauung und des Rechten Handelns hält, seinen Lebensunterhalt vermutlich auf rechtschaffene Art und Weise.

Die sechs Tugenden

Die sechs Tugenden – Großzügigkeit, ethische Disziplin, Geduld, Begeisterung, Konzentration und Weisheit – sind für alle Menschen wertvoll, nicht nur für Führungskräfte. Doch eine Führungspersönlichkeit, die diese Qualitäten aufweist, hat die Fähigkeit, auf profunde Art und Weise auf andere Menschen zu wirken.

Großzügigkeit

Die Ursache für viele Wirtschaftsskandale ist oft die Geld- und Prestigegier der Mächtigen – das Gegenteil von Großzügigkeit. Auch wenn die Leistung des Vorstandsvorsitzenden eine der Voraussetzungen für den Erfolg eines Unternehmens ist, werden die tatsächlichen Ergebnisse durch die Zusammenarbeit sämtlicher Mitarbeiter erreicht. Eine Führungskraft, die den ganzen Ruhm für sich beansprucht, höhlt die Motivation ihrer Mitarbeiter aus. Ein guter Vorstandsvorsitzender muss sehr großzügig die Leistungen anderer anerkennen. Die meisten Topmanager erfolgreicher Unternehmen sind darum bescheidene Menschen, die gute Ergebnisse ihrem Team zuschreiben.

Großzügigkeit sollte mit Weisheit einhergehen. Es ist nicht sinnvoll, sich großzügig zu zeigen, um auf diese Weise kurzfristig ein Problem aus der Welt zu schaffen. Großzügigkeit muss die langfristigen und die kurzfristigen Konsequenzen bedenken.

Ethische Disziplin

Zur Tugend der ethischen Disziplin fällt mir ein Rat ein, den ein erfolgreicher König anderen Herrschern gab. Sein Leitsatz war: »Derjenige Herrscher herrscht am besten über sein Land, der zuerst sich selbst beherrscht.« Mit Selbstbeherrschung meinte der König die Fähigkeit, Versuchungen zu widerstehen. Die meisten Herrscher wollen reich und erfolgreich sein und von anderen bewundert und verehrt werden. Handeln sie auf dem Weg dahin nicht mit moralischer Zurückhaltung, gerät ihr Reich in Schwierigkeiten. Deshalb sprechen wir nicht nur von »Disziplin«, sondern von »ethischer Disziplin«. Reichtum ist an sich nichts Falsches, wenn er ehrlich erworben wird und dabei weder andere Menschen noch die Umwelt Schaden nehmen. Doch es ist nicht hinnehmbar, dass ein Vorstandsvorsitzender Reichtümer anhäuft, während das Unternehmen in den Konkurs schlittert, die Aktionäre ihre Ersparnisse und die Arbeitnehmer ihre Arbeitsplätze verlieren.

Das heißt nicht, dass diese Selbstdisziplin leicht zu erreichen wäre. Ich nenne die ethische Disziplin oft »Zähmung des Geistes«. Ein ungeschulter Geist ist wie ein Elefant. Wenn er frei herumlaufen darf, richtet er leicht Verwüstungen an. Die größte Herausforderung besteht darin, negative Motive und Emotionen wie Gier, Egoismus, Zorn, Hass, Lust, Angst, mangelndes Selbstvertrauen und Eifersucht in den Griff zu bekommen. Wir können uns den Geist wie das Wasser eines Sees vorstellen. Wenn das Wasser (durch negative Emotionen) aufgewühlt wird, dann wird es durch den Schlamm vom Boden des Sees getrübt. Wenn der Sturm vorübergezogen ist, setzt sich der Schlamm und das Wasser (der Geist) klärt sich wieder. Der »Sturm«, das sind die Auswirkungen der negativen Motive und Emotionen. Vor jeder Handlung sollten wir uns deshalb von sämtlichen negativen Gedanken befreien, um frei reagieren zu können. Ehe wir nicht gelernt haben, unseren Geist zu disziplinieren, wird es uns schwer fallen, diese Freiheit zu nutzen.

Geduld

Geduld will gelernt sein. Nur so sind wir vorbereitet, wenn wir in schwierige Situationen geraten und auf Feindseligkeit, Kritik oder Enttäuschungen reagieren müssen. Zum Beispiel geht es nicht darum, Zorn zu unterdrücken, sondern darum, bei Aufkommen des Zorns ruhig zu bleiben. Dazu ist jedoch geistige Schulung erforderlich, die zu einem ruhigen und geduldigen Geist führt.

Geduld sollte verstanden werden als »gerechtfertigte Geduld«. In einigen Fällen ist sofortiges Handeln gefragt. Die Entscheidung, geduldig zu sein oder nicht, erfordert gutes Urteilsvermögen.

Begeisterung

Ob wir uns mit Begeisterung für etwas einsetzen, hängt davon ab, ob wir an die Wichtigkeit unserer Ziele glauben und motiviert sind. Wir sprechen von »ansteckender Begeisterung« und meinen damit, dass jeder von uns enorme Energiereserven besitzt, die sich durch Begeisterung freisetzen lassen. Diesen Enthusiasmus in anderen freisetzen zu können ist eine der entscheidenden Qualitäten einer Führungskraft.

Konzentration

Mit Konzentration meine ich die Fähigkeit, unsere geistige Energie auf eine Fragestellung zu bündeln. Die meisten Menschen verfügen über eine mangelnde Konzentrationsfähigkeit und springen von einer Sache zur nächsten. Sie grübeln darüber nach, was in der Vergangenheit falsch gelaufen ist, sorgen sich um die Zukunft oder brüten über Probleme mit Mitarbeitern und ihrer Familie. Davor sind natürlich auch Führungskräfte nicht gefeit. Menschen, die sich nicht konzentrieren können, sind nicht in der Lage, ihre ganze Aufmerksamkeit auf eine Frage zu bündeln. Genau dies ist jedoch erforderlich, um die Qualität von Entscheidungen zu verbessern.

Weisheit

Weisheit ist im Grunde nichts anderes als der Besitz der Rechten Anschauung: die Fähigkeit, Dinge so zu sehen, wie sie sind, und die Erkenntnis, dass nichts von Dauer ist. Die Entscheidung darüber, was heute getan werden muss, um die Zukunft zu sichern, erfordert Rechte Anschauung und Rechtes Handeln.

Der Nutzen der buddhistischen Prinzipien

Ich habe mit zahlreichen Managern aus Asien gesprochen, die begeistert berichten, welchen Nutzen sie aus der Anwendung der Prinzipien der Rechten Anschauung und des Rechten Handelns sowie aus der Meditation (wie wir sie im folgenden Kapitel beschreiben werden) ziehen.

Vor einem Jahrzehnt erlebte die thailändische Wirtschaft eine Krise. Zahlreiche Unternehmen standen kurz vor dem Konkurs. Praktizierende Buddhisten stellten jedoch fest, dass sie sehr viel

ruhiger und entschlossener auf diese widrigen Umstände reagierten als ihre Kollegen. Auf die Frage, welchen Zweck Unternehmen ihrer Ansicht nach hatten, antwortete keiner von ihnen, dass es in erster Linie um Gewinne oder Aktienkurse ginge. Ein Vorstandsvorsitzender eines äußerst profitablen Unternehmens erklärte: »Die größte Schwäche der westlichen Manager ist, dass sie sich zu sehr um Gewinne sorgen. Mir geht es grundsätzlich darum, dass meine Kunden ein gutes Geschäft machen – genau wie unser Unternehmen. Die Gewinne stellen sich von alleine ein.«

Diese Manager stellten ihre Fähigkeiten folgendermaßen dar:

- *Besserer Umgang mit Krisensituationen.* Ein Manager berichtete, die meisten seiner Branchenkollegen hätten ihre Banken um eine Stundung der Schulden gebeten. Er sei einer der wenigen gewesen, die nicht zur Bank gegangen seien. Der Manager gab zu, dass auch er sehr besorgt gewesen sei, doch stattdessen habe er mit seinem buddhistischen Lehrer gesprochen. Sein Lehrer sagte zu ihm: »Ich verstehe nichts von Unternehmen, doch bin ich sicher, wenn du dich beruhigst und meditierst, findest du eine Lösung.« Das mag ein wenig herablassend klingen, doch der Manager folgte seinem Rat und hatte Erfolg.
- *Bessere Entscheidungen.* Die Manager berichteten, sie hätten sich weniger mit der Sorge gequält, ob sie falsche Entscheidungen treffen, und hätten bessere Entscheidungskriterien gehabt. Es sei ihnen leichter gefallen, sich zu konzentrieren und Vertrauen in ihre Entscheidungen zu haben.
- *Bessere Beziehungen zu direkten Mitarbeitern.* Die buddhistischen Manager erklärten ihre guten Beziehungen zu ihren Mitarbeitern damit, dass sie im Umgang mit Konflikten oder Arbeitnehmerfragen geduldiger seien. Sie waren bereit, eine

Frage mehrmals zu erörtern, und hatten keine Angst davor, unentschlossen zu wirken.

- *Weniger Sitzungen und bessere Umsetzung der Entscheidungen.* Einige der Vorstandsvorsitzenden berichteten, es seien weniger Sitzungen erforderlich, da sie gelernt hatten, dem jeweils anstehenden Thema ihre ungeteilte Aufmerksamkeit zu schenken. Sie hörten ihren Kollegen bei der Diskussion um die Entscheidung und deren Umsetzung besser zu.
- *Mehr Kreativität.* Kris Yao, Leiter eines taiwanesischen Architekturbüros, fand eine interessante Erklärung für diesen Zusammenhang. Für ihn war seine gestiegene Kreativität ein Resultat der Meditation: »Ehe ich mit der Meditation begann, wollte ich wie die meisten Architekten etwas völlig Einmaliges entwerfen, das ganz anders war als alles, was die anderen machten. Ich wollte, dass alle die Schönheit meiner Gebäude bewunderten und dass ich ein berühmter Architekt werden würde.« Yao begleitete den Dalai Lama auf einem seiner Besuche nach Taiwan und ließ sich von der buddhistischen Lehre inspirieren. Er berichtete weiter: »Ich habe meinen Ehrgeiz abgelegt und mich stattdessen auf das konzentriert, was am besten für die Kunden ist und für die Menschen, die in dem Gebäude leben werden. Dabei stellte ich fest, dass ich kreativer wurde. Meine Kunden sind zufriedener als früher, und ich bin es auch.«
- *Große Arbeitsbegeisterung.* Die befragten Führungskräfte empfanden große Begeisterung für ihre Arbeit und für den Nutzen, den sie als aktive Buddhisten aus der Meditation zogen. Alles, was sie taten, war von dieser Begeisterung geprägt.

Diese Manager verstanden und praktizierten Rechtes Handeln und Rechte Anschauung, weil sie vermutlich systematisch ihr Denken und Handeln verändert hatten. Wenn Sie sich diese Beispiele genau ansehen, dann werden Sie feststellen, dass die Effizienz dieser Manager vor allem daher rührt, dass sie ihre ungesunden Einstellungen abbauen konnten. Ihre Überzeugung, »ohne Meditation hat der Buddhismus keine Auswirkungen auf das Handeln«, sagt sehr viel aus. Veränderungen stellen sich mit der Praxis ein, und ganz allmählich werden Sie schlechtere Handlungen durch bessere ersetzen. Es macht Mut zu sehen, dass der Buddhismus viel Wissen zu bieten hat, für moderne Unternehmen genauso wie für die globalisierte Wirtschaft.

Um wirkliche Fortschritte zu erzielen, müssen Sie Ihr Handeln ändern. Auch Ihr Unternehmen muss sich verändern. Dies gelingt mithilfe der Prinzipien der Rechten Anschauung und des Rechten Handelns. Rechte Anschauung bedeutet, dass Sie nicht nur um Ihr eigenes Wohl besorgt sind, sondern auch um das anderer Menschen. Rechtes Handeln bedeutet, dass Sie erkennen, dass zur Umsetzung der Prinzipien der Rechten Anschauung harte Arbeit nötig ist. Wahre Führungspersönlichkeiten wählen diesen disziplinierten Weg, um diese Praktiken in ihrem Unternehmen zu verankern.

Gutes annehmen

Hier finden Sie weitere Paare gesunder und ungesunder Geisteshaltungen. Mithilfe der Meditation können Sie die schlechten ablegen und die guten annehmen.

Bescheidenheit ersetzt falschen Stolz, übertriebenes Selbstbewusstsein, Eitelkeit und Arroganz

Bescheidenheit scheint zunächst in Widerspruch zu einem gesunden Selbstvertrauen zu stehen. Doch bei erfolgsverwöhnten Menschen kann Selbstvertrauen leicht in ungerechtfertigten und falschen Stolz umschlagen. Wenn Führungskräfte meinen, sie hätten ihren Erfolg nur ihrer eigenen Genialität und Entschlossenheit zu verdanken, haben sie das Gefühl der Bescheidenheit verloren und leiden unter einem übertriebenen Selbstwertgefühl. Sie vergessen, dass sie ihren Erfolg vielen Menschen verdanken und vermutlich auch einer Portion Glück. Es ist wichtig, immer daran zu denken, dass kein Erfolg Ihnen allein gehört, und bescheiden zu bleiben. Andere Menschen erkennen sofort, wenn eine Führungskraft bescheiden ist, und empfinden dies als eine inspirierende Eigenschaft.

Rücksicht und aktive Anteilnahme am Wohl anderer ersetzt mangelnde Rücksichtnahme, Gemeinheit und Schädigung anderer

Sorge zu tragen für das Wohl anderer kommt dem Prinzip des Rechten Handelns sehr nahe: Bei jeder unserer Handlungen sollten wir die Auswirkungen auf andere Menschen bedenken. Rücksichtnahme findet sich in dieser Zusammenstellung, da es sich um eine gesunde Einstellung handelt. Doch diese Qualität sollten nicht nur Führungskräfte aufweisen, sondern es handelt sich um eine allgemein erstrebenswerte innere Haltung. Jeder, vor allem aber eine gesellschaftliche Führungsperson, sollte das Wohl der anderen an oberste Stelle setzen, ganz gleich, welche Entscheidungen er oder sie zu treffen hat.

Gleichmut …

Gleichmut bedeutet nichts anderes als innere Ruhe und ist eine entscheidende Geisteshaltung. Sie lässt sich vielleicht besser als emotionale Ausgeglichenheit beschreiben. Ein gleichmütiger Mensch ist offen, friedfertig und vorurteilsfrei. Gleichmut wird oftmals beschrieben als Nicht-Verhaftetsein in der Begierde. Stellen Sie sich eine Führungskraft vor, die diese Eigenschaft ausstrahlt. Dies beschreibt vielleicht keinen dynamischen Unternehmenslenker, doch es weckt das Bild eines Menschen, dem Sie vertrauen können – und das ist vermutlich die entscheidende Qualität einer Führungskraft.

... ersetzt die Gier nach Macht, Reichtum und Ruhm

Das Streben nach Reichtum ist an sich nicht verwerflich, solange dieser ehrlich verdient ist. Auch Ruhm ist für sich genommen nichts Schlechtes, wenn er dazu verwendet wird, einen positiven Beitrag zu leisten. Nicht-Begehren und Begehren sind zwei buddhistische Begriffe, die oft missverstanden werden. Begehren kann durchaus positiv sein, beispielsweise wenn es sich darauf richtet, sich eine gesunde innere Haltung zu erarbeiten. Doch es ist negativ, wenn es sich beispielsweise auf Geld bezieht. Wenn wir den negativen Aspekt meinen, sprechen wir oft von »Begierde« oder »Gier« und beschreiben damit Menschen, die von einem unstillbaren Verlangen nach Reichtum oder Ruhm angetrieben werden. Da es immer Menschen gibt, die reicher und berühmter sind, kann ein Mensch, der von diesem Verlangen beherrscht wird, nie glücklich werden. Schlimmer noch, viele Menschen, die nach Macht, Reichtum und Ruhm gieren, suchen nach Abkürzungen, um ihre Ziele zu erreichen, und schaden dabei anderen Menschen oder verhalten sich gesetzeswidrig. Menschen, die nicht in der Lage sind, ihre Begierden zu zügeln, werden zu Sklaven dieser ungesunden Emotionen.

... ersetzt Niedergeschlagenheit und Sorge, wenn Ziele nicht erreicht werden oder Enttäuschungen zu verarbeiten sind

Es ist normal, dass sich Manager Sorgen machen, wenn einer ihrer besten Mitarbeiter geht, wenn zutage kommt, dass das Unternehmen ohne ihr Wissen an Preisabsprachen beteiligt war oder wenn die Bilanz rote Zahlen aufweist. Sorge ist jedoch Energieverschwendung. Sie löst nichts. Sorge abzulegen ist nicht einfach. Doch wenn Sie über die Sinnlosigkeit dieser Emotion meditieren und sie loslassen sobald sie sich zeigt, ohne sie gewaltsam zu unterdrücken, erreichen Sie allmählich Gleichmut.

... ersetzt Hass, Ärger, Zorn, Groll, Trotz, Neid und Eifersucht

Emotionen wie Ärger, Hass und Groll können sehr stark sein, doch sie sind unproduktiv, kosten Energie, schaffen Leid und lenken ab. Sie können diese Gefühle mit derselben Methode ablegen wie die Sorge. Wenn Sie über die Sinnlosigkeit dieser Emotionen meditieren, können Sie sie überwinden und den erwünschten Zustand der Gleichmut erreichen oder ein Gefühl der Gelassenheit und inneren Ruhe.

Scham ersetzt Schamlosigkeit

Scham scheint auf den ersten Blick nicht so recht in diese Zusammenstellung zu passen, da sie oft als eine negative Emotion empfunden wird. Menschen machen gelegentlich Fehler, das lässt sich nicht vermeiden. Ich halte Scham jedoch für ein positives Gefühl, da sie motiviert, diesen Fehler zu korrigieren. Schamlosigkeit ist dagegen gefährlich, denn sie lässt darauf schließen, dass einem Menschen selbst minimale moralische Standards fehlen. Schuld ist in diesem Zusammenhang jedoch weniger hilfreich als Scham. Schuld wird als ein dauerhafter Zustand wahrgenommen, an dem sich nichts ändern lässt. Deshalb sind Schuldgefühle ungesund. Es ist besser, Schuldgefühle in Scham zu verwandeln und einen Fehler zu korrigieren. Buddhisten sind der Überzeugung, dass eine schlechte Handlung unweigerlich negative Auswirkungen auf die Person hat, die sie begeht. Die negativen Auswirkungen lassen sich nur verringern, wenn man der schlechten Handlung mit einer guten begegnet.

Freundlichkeit ersetzt Gleichgültigkeit, Feindseligkeit, Verärgerung, Übellaunigkeit und Ablehnung

Wenn ich jemanden kennenlerne, sehe ich ihn oder sie zunächst als Mitmenschen und jemanden, der oder die in erster Linie glücklich sein möchte, genau wie ich auch. Wenn sich dieser Mensch feindselig oder unfreundlich verhält, versuche ich zwischen den Handlungen und dem Menschen selbst zu trennen. Buddhisten gehen davon aus, dass jeder Mensch einen gesunden oder reinen Kern hat und dass sich die Feindseligkeit mindern lässt, wenn man dem anderen mit Freundlichkeit begegnet. Durch Unfreundlichkeit ist nichts gewonnen, auch wenn es nicht notwendig ist, sich eines Kommentars zu enthalten, wenn jemand falsch handelt oder irrige Ansichten vertritt. Wenn

Führungskräfte negativen Emotionen wie Feindseligkeit oder Gleichgültigkeit begegnen, sollten sie versuchen, die Situation mit Freundlichkeit zu beheben. Eine Führungskraft, und nur sie, kann dieses Prinzip erfolgreich in ihrem Unternehmen einführen und umsetzen.

Elan ersetzt geistige Trägheit und Schlaffheit

Mangelnder Elan ist vermutlich nicht das Problem einer Führungskraft, da die Arbeitsanforderungen ein hohes Maß an Energie erfordern. Eine Führungskraft ohne Tatkraft bleibt erfolglos. Doch damit das Unternehmen Erfolg hat, muss dieser Schwung alle erfassen. Die Herausforderung für die Führungskraft besteht darin, diesen Elan zu fördern durch gutes Beispiel und durch geeignete Maßnahmen.

Aufgeschlossenheit und Offenheit ersetzen Fanatismus und blinden Glauben

Flexibilität und Offenheit sind wichtige Eigenschaften. Gerade Flexibilität wird in der Unternehmenswelt immer wichtiger, sowohl um gute Mitarbeiter zu halten als auch um Entscheidungen zu treffen, an deren Erörterung zahlreiche Menschen beteiligt sind. Es gibt wenige unumstößliche Wahrheiten. Eine Führungskraft sollte sich vor Fanatismus hüten und darauf achten, dass auch ihre Organisation keine blindwütigen Züge annimmt. Ein Unternehmensführer sollte Vertrauen in die Ziele seines Unternehmens schaffen – Ziele, hinter denen die Mitarbeiter stehen können – und darauf achten, dass die Werte des Unternehmens von allen respektiert werden. Doch er darf darin nicht zu weit gehen. Es gilt, das rechte Maß zu finden.

Kapitel 3

DIE SCHULUNG DES GEISTES

Die Umsetzung der Rechten Anschauung und des Rechten Handelns ist eine bedeutende Herausforderung. Nur wenigen begabten Führungspersönlichkeiten gelingt dies ohne geistige Schulung.

Schon als Kind habe ich mit geistigen Übungen begonnen. Bis heute meditiere ich täglich mehrere Stunden, auf Reisen genauso wie zu Hause. Ich habe die Erfahrung gemacht, dass die Übung zur Gewohnheit wird wie die Mahlzeiten.

Die gute Nachricht ist, dass Sie schon mit relativ geringem Zeitaufwand Fortschritte erzielen können. Perfektion erreichen nur wenige. Das Wichtigste ist, sich um stetigen Fortschritt zu bemühen.

Die Vielzahl der Aufgaben und der potenziell problematischen Entscheidungen, die eine Führungskraft in sehr begrenzter Zeit zu bewältigen hat, können überwältigend wirken. Die geistige Schulung soll dafür sorgen, dass der Geist in allen Situationen ruhig, gesammelt und konzentriert ist. Außerdem soll sie uns ermöglichen, Entscheidungen rasch aus unterschiedlichen Sichtweisen zu analysieren. Dazu muss unser Geist offen und beweglich sein – ist er verschlossen und starr, ist er dazu nicht in der Lage.

Der ungeschulte Geist ist wie ein Affe, der sich von Ast zu Ast schwingt: Unkonzentriert streunt er von einem Thema zum anderen. Wenn unser Geist durch Zorn, Hass, Ungeduld, Angst oder mangelndes Selbstbewusstsein getrübt ist oder wenn er unter dem Eindruck negativer Ereignisse der Vergangenheit emotional aufgewühlt ist, verschwenden wir wertvolle Denkzeit. Diese negativen Gedanken und Emotionen kosten Zeit, die wir besser auf konstruktives Denken verwenden sollten. Der Zweck der geistigen Schulung besteht also darin, die Kraft des Geistes zu maximieren und auf wichtige Entscheidungen zu bündeln.

Wenn Sie eher mit der westlichen Psychologie als der östlichen Philosophie vertraut sind, kennen Sie geistige Schulung möglicherweise unter der Bezeichnung »Konditionierung«. Dieser Begriff beschreibt das Erlernen von Reaktionen auf bestimmte Umweltereignisse. Wenn Sie beispielsweise auf Kritik ärgerlich oder defensiv reagieren, können Sie sich so konditionieren, dass Sie stattdessen aufmerksam zuhören und überlegen, ob Sie aus der Situation etwas lernen können. Der Schutzreflex wird also durch den Reflex des offenen Zuhörens ersetzt. Anders ausgedrückt, mithilfe der mentalen Konditionierung verändern Sie Ihre automatische Reaktion auf Kritik.

In jahrtausendelanger Praxis haben Buddhisten eine große Zahl geistiger Übungen entwickelt. Im zweiten Teil dieses Kapitels stellen wir Ihnen sieben dieser Übungen vor, die Sie auch durchführen können, wenn Sie kein Experte oder Buddhist sind. Zuvor wollen

wir jedoch auf einige Fragen eingehen, die häufig zur geistigen Schulung gestellt werden.

Wie finde ich Zeit zum Meditieren?

Jeder, selbst ein vielbeschäftigter Manager, kann sich jeden Tag fünf Minuten Zeit nehmen, um die geistigen Übungen durchzuführen, die in diesem Kapitel vorgestellt werden. Es gibt viele Möglichkeiten, Zeit dafür zu finden. Jede Verzögerung, jede Wartezeit im Taxi oder am Flughafen ist eine gute Gelegenheiten, um eine Übung in den Alltag einzubauen. Statt sich zu ärgern, können Sie diese Momente als ausgezeichnete Möglichkeit für die Schulung Ihres Geistes begreifen.

Früher habe ich mich immer unwohl gefühlt, wenn ich warten musste. Wenn ich bei der Ankunft am Flughafen lange Schlangen sah, wurde ich sofort nervös. Beim Anstehen machte ich mir Gedanken, ob ich mich nicht an einem anderen Schalter hätte anstellen sollen, wo es offenbar schneller voranging. Schließlich kam ich zu dem Schluss, dass dieses Verhalten kindisch war, und ich lernte, diese Wartezeiten anders zu nutzen. Wenn ich mich heute am Ende einer langen Schlange anstelle, dann sehe ich dies als eine ausgezeichnete Gelegenheit zur Schulung meines Geistes.

Auch wenn fünf Minuten eigentlich keine optimale Zeit zum Meditieren sind, können sie trotzdem sehr wertvoll sein. Viele buddhistische Manager haben Möglichkeiten gefunden, Meditationen in ihren Arbeitsalltag einzubauen. Die Meditation muss keine Unterbrechung des Aktivitätsflusses darstellen, sie kann eingeschoben werden, wenn Momente der Ruhe und Klarheit gefragt sind.

Sollte ich allein meditieren oder mir einen Lehrer suchen?

Die Suche nach einem qualifizierten Lehrer ist ein wichtiger Schritt in unserem spirituellen Leben.[6] Doch ehe Sie einen spirituellen Lehrer wählen, sollten Sie ihn oder sie gründlich prüfen. Ein tibetisches Sprichwort besagt: »Verhalte dich nicht wie ein Hund, der einen Brocken Fleisch findet.« Sie sollten den Lehrer zunächst beobachten und ihn nicht einfach wählen, nur weil er einen wichtigen Titel oder großen Einfluss hat. Ein Lehrer ist Ihr Führer auf dem spirituellen Weg und sollte das, was er lehrt, auch selbst leben. Wirkliche spirituelle Führung kann nur aus der Lebenserfahrung des Lehrers kommen, nicht aus bloßem intellektuellem Verständnis. Ihr Lehrer sollte behutsam sein und seinen eigenen Geist gezähmt haben, denn schließlich soll er Ihnen ja dabei helfen, Ihren eigenen Geist zu zähmen. Ihr Lehrer sollte jemand sein, der Ihre Fragen direkt beantworten und Ihre Zweifel ausräumen kann.

Wenn Sie jemanden als Lehrer gewählt haben, sollten Sie ihm mit Vertrauen und Respekt begegnen und sich an seine Anweisungen halten. Vertrauen und Respekt bedeuten jedoch nicht blinde Gläubigkeit. Buddha erklärte, ein Schüler solle sich an die tugendhaften Anweisungen seines Lehrers halten und die »ungesunden« nicht beachten. Er betonte, wie wichtig es ist, dass wir den Lehren eines Meisters mit Skepsis begegnen. Buddha, der größte aller Lehrer, sagte:

> Nehmt nichts von dem, was ich euch lehre, einfach aus Glauben oder aus Respekt vor mir an, sondern überprüft es selbst, als ob

ihr Gold kauftet ... So, wie ihr Gold durch Brennen, Schneiden und Reiben prüfen würdet, prüft der Kluge auch meine Unterweisungen. Unterzieht meine Lehren einer gründlichen Überprüfung, nehmt sie nicht einfach guten Glaubens an.

Es gibt zwei Wege, sich der buddhistischen Lehre zu nähern, einen intelligenten und einen unintelligenten. Den intelligenten Weg zu gehen bedeutet, sich den Schriften und Kommentaren skeptisch und offen zu nähern und zu versuchen, sie mit der eigenen Erfahrung und dem eigenen Verständnis in Beziehung zu setzen. Jemand, der so vorgeht, wird keiner Lehre oder Schrift folgen, nur weil sie von einem berühmten Lehrer stammt. Stattdessen wird er die Gültigkeit des Inhalts auf Grundlage seines eigenen Verständnisses beurteilen, das auf persönlicher Recherche und Analyse beruht. Dieser intelligente Ansatz lässt sich auch so zusammenfassen: »Hör auf die Botschaft des Lehrers, nicht auf die Person. Hör auf die Bedeutung, nicht nur auf die Worte.«

Die Geh-, Atem- und Mantrameditationen, die am Ende des Kapitels beschrieben werden, lassen sich auch ohne Lehrer lernen. Konzentrationsmeditationen sind schwieriger. Ich habe versucht, mir diese Techniken mithilfe von Büchern allein anzueignen und habe mir sogar eine CD gekauft, doch es hat nicht funktioniert. Bei einem zehntägigen Kurs in Thailand habe ich festgestellt, dass mir das Lernen in der Gruppe leichter fiel. Das ist überraschend, da die Teilnehmer während des gesamten Kurses nicht miteinander sprachen. Doch zusammen mit anderen auf dem Boden zu sitzen und zu meditieren hat bei mir zusätzliche Energien freigesetzt. Auch die Tatsache, dass ich eine ganze Woche nur mit Lernen verbrachte und jeden Tag nur fünfzehn Minuten mit Mönchen sprach, wirkte sich sehr positiv aus.

Das Einüben dieser Techniken erfordert Geduld. Anfangs werden Sie schnell Fortschritte machen, doch wirkliche Beherrschung der Konzentrations- und Einsichtsmeditationen erfordert Jahre.

Welche Auswirkungen hat die Meditation auf das Gehirn?

Neuere Untersuchungen haben interessante Erkenntnisse darüber zu Tage gefördert, wie sich das Gehirn durch die Meditation verändert.[7] Bis in die neunziger Jahre hinein galt als erwiesen, dass bei Erwachsenen keine neuen Gehirnzellen mehr entstehen können. Inzwischen konnte jedoch nachgewiesen werden, dass neue Gehirnzellen gebildet werden, wenn wir eine Handlung wiederholt ausführen oder etwas Neues lernen. So ist beispielsweise die Gehirnregion, die für die Bewegung der Finger zuständig ist, bei Konzertpianisten erheblich größer als bei anderen Menschen.

Es war schon länger bekannt, dass die Gehirne von Menschen, die unter Depression leiden, ein anderes Aktivitätsmuster aufweisen als die Gehirne von glücklichen Menschen. Die Zustände und die Topografie des Gehirns lassen sich mit Hilfe eines EEG (Elektroenzephalogramm) ermitteln. Dazu werden Dutzende von Elektroden am Kopf der Testperson befestigt, mit denen die Aktivität des Gehirns gemessen und eine Art »Gehirnkarte« erstellt wird. Diese Untersuchungen haben ergeben, dass Glück mit einer gesteigerten Aktivität des linken Frontallappens (einem hinter der Stirn gelegenen Teil der Großhirnrinde) zusammenhängt. Bei depressiven Menschen sind dagegen die Mandelkerne in den medialen Temporallappen, die für die Motivation und das emotionalen Verhalten eine wichtige Rolle spielen, besonders aktiv. Diese Unterschiede in der Aktivität des linken Frontallappens und der Mandelkerne entscheiden weitgehend, ob jemand glücklich ist oder sich immerzu Sorgen macht.

Die erste Untersuchung zur Meditation wurde an einem tibetischen Mönch durchgeführt, der mehr als dreißig Jahre lang Meditation praktiziert hatte. Wissenschaftler verglichen die Gehirnaufnahme dieses Mönchs mit den Ergebnissen von 175 weiteren Testpersonen, die keinerlei Meditationserfahrung besaßen. Die Aufnahmen ergaben, dass der Mönch größere Aktivität im linken Frontallappen aufwies als jede andere der 175 untersuchten Personen. Dies war ein viel versprechender Anfang für die Untersuchung der Auswirkungen der Meditation. Doch natürlich stellte sich die Frage, ob dieser Mönch eine Ausnahmeerscheinung sein könnte.

Das nächste Experiment wurde mit Angestellten eines biotechnischen Labors durchgeführt. Die Versuchspersonen waren in der Entwicklungsabteilung tätig und arbeiteten unter erheblichem Stress. Von den Mitarbeitern wurden nur diejenigen ausgewählt, die tatsächlich ein Interesse daran hatten, Meditationstechniken zu erlernen. Mitarbeiter der University of Massachusetts fertigten EEGs von den Gehirnen der Freiwilligen an. Dann wurden die Teilnehmer in zwei Gruppen aufgeteilt. Einer Gruppe erklärten die Wissenschaftler, ihr Meditationskurs müsse auf einen späteren Zeitpunkt verschoben werden, da aufgrund der großen Zahl der Freiwilligen zwei Kurse stattfinden müssten. Dies stimmte zwar nicht, doch auf diese Weise ließen sich die EEGs der Meditationsgruppe mit den EEGs dieser anderen Gruppe vergleichen.

Der Meditationskurs dauerte zehn Wochen lang. Jeden Tag hielten professionelle Lehrer zwei- bis dreistündige Sitzungen ab, und die Teilnehmer sollten außerdem täglich 45 Minuten lang meditieren. Den Abschluss des zehnwöchigen Programms bildete ein eintägiger Intensivkurs. Danach wurden erneut EEGs von den Kursteilnehmern und den Freiwilligen auf der Warteliste angefertigt. Verglichen mit den Aufnahmen der Kontrollgruppe und mit den eigenen Aufnahmen vom Beginn des Kurses wies die Meditationsgruppe eine erhebliche Zunahme der Aktivität im linken Frontallappen auf. Die Teilnehmer berichteten außerdem, sie empfänden weniger innere Unruhe und negative Emotionen.

Nach Beendigung des Kurses erhielten die Teilnehmer der Meditationsgruppe und die Freiwilligen auf der Warteliste außerdem eine Grippeimpfung. Blutproben ergaben, dass das Immunsystem der Kursteilnehmer stärker auf die Impfung ansprach als das der Kontrollgruppe. Dies war wenig überraschend, da der Zusammenhang zwischen einer hohen Aktivität im linken Frontallappen und einer gesteigerten Produktion von Antikörpern für Krankheitserreger inzwischen bekannt war.

Untersuchungen an der Universität Harvard haben ähnlich erstaunliche Ergebnisse erbracht:

> Sara Lazar, Wissenschaftlerin der Harvard Medical School, machte Gehirnaufnahmen von Testpersonen, die täglich vierzig Minuten meditierten. Es handelte sich nicht um buddhistische Mönche, sondern um normale Menschen, die seit längerer Zeit regelmäßig meditierten. Im Vergleich mit den Aufnahmen von nicht meditierenden Testpersonen derselben Altersgruppe und sozialen Schicht stellte sie erhebliche Unterschiede fest. Diejenigen Bereiche des Frontallappens, die bei der Meditation aktiv werden – also die Areale, die für den Gefühlshaushalt, die Aufmerksamkeit und das Arbeitsgedächtnis zuständig sind sowie bei der Stressregulierung eine Rolle spielen –, waren bei den meditierenden Testpersonen um 5 Prozent dicker.[8]

Fangen Sie einfach an

Ich habe an einem zehntägigen Meditationsworkshop in Thailand teilgenommen. Die Übungen bestanden aus Meditation im Sitzen und Gehen sowie Achtsamkeitsmeditationen. Oder anders gesagt, die Achtsamkeitsmeditationen waren fester Bestandteil der beiden anderen Meditationsformen. Während der ersten drei Tage hörten wir Vorträge, danach begann eine einwöchige Einkehr, in der unsere einzigen Tätigkeiten aus Gehen und Sitzen bestand. Es war ein extremer Kontrast zu meinem normalen Alltag, und ich empfand es als etwas ganz Ungewöhnliches, eine Woche lang nicht mit den anderen Teilnehmern zu sprechen und nicht einmal Augenkontakt aufzunehmen. Ich stellte jedoch bald fest, dass das Fehlen jeder äußeren Ablenkung eine Art heiter-gelassene Konzentration schaffte. Ich lernte, die Meditation im Sitzen und Gehen über den Tag hinweg abzuwechseln. Seither habe ich weitere Meditationstechniken erlernt und meditiere fast täglich. Andere Menschen bestätigen mir, dass ich sehr viel ruhiger und umgänglicher geworden bin.

Möglicherweise verlässt Sie der Mut, wenn Sie die folgenden Meditationsanleitungen lesen, weil Sie unmöglich alle auf einmal praktizieren können. Ich würde Ihnen empfehlen, mit den einfachsten Übungen zu beginnen und sie täglich einige Minuten lang durchzuführen. Wenn Ihnen die Erfahrung gefällt, können Sie die Meditation allmählich verlängern und weitere Übungen hinzunehmen. Wenn Sie einen Punkt erreichen, an dem Sie schneller vorankommen möchten, könnte ein Intensivkurs für Sie in Frage kommen, wie ihn Laurens besucht hat.

Einfache Techniken für vielbeschäftigte Führungskräfte

Meditation im Gehen

Die Meditation im Gehen ist zum Ausprobieren vermutlich die einfachste Meditationsform, vor allem für Menschen des Westens, die ständig in Bewegung sind. Zweck der Meditation ist die Entfaltung der Achtsamkeit und Konzentration. »Achtsamkeit« meint die Fähigkeit, zu beobachten, wenn bestimmte Emotionen oder Gedanken im Gehirn aktiv werden. Wenn Sie beispielsweise jemand kritisiert, werden Sie erkennen, dass Sie nicht zuhören, sondern sofort zu denken beginnen: »Das gefällt mir nicht, ich muss mich verteidigen, ich kann diesen Menschen nicht leiden.« Achtsamkeit erlaubt Ihnen zu erkennen, wann ein bestimmter Gedanke oder ein Gefühl einsetzt. Sie hilft Ihnen aber auch, den Gedanken oder das Gefühl »loszulassen«, und zwar in friedlicher Art und Weise, nicht durch Unterdrückung. Die Anweisung lautet: »Erkenne und lass los«.

Die Meditation im Gehen ist eine aktive Meditation. Wenn wir im Gehen meditieren, machen wir uns die körperliche Handlung zunutze, um unsere Bewusstheit zu steigern. Wir richten unsere ganze Konzentration auf die Bewegung, mit der wir einen Fuß vor den anderen setzen.

Gehen Sie ruhig und natürlich. Gehen Sie mit Ihrem Körper *und* Ihrem Geist. Mit anderen Worten, wenn Ihr

Körper geht, lassen Sie auch den Geist ganz bewusst am Gehen teilnehmen, statt ihn wie sonst seiner eigenen Wege gehen zu lassen, auf denen er sich üblicherweise mit Problemen beschäftigt oder Gedanken nachhängt. Wenn Ihr Körper geht, sollte Ihr Geist nicht über die Vergangenheit oder die Zukunft nachgrübeln. Wenn Sie bemerken, wie Ihre Gedanken abzuschweifen beginnen, holen Sie sie zurück zum körperlichen Akt des Gehens und spüren Sie den Rhythmus Ihrer Schritte. Betrachten Sie Ihren gehenden Körper mit Achtsamkeit, seien Sie sich seiner klar bewusst und seien Sie ganz aufmerksam. Wenn Sie einen Rhythmus gefunden haben, wenden Sie die folgenden Methoden an, um Ihren Körper und Geist zu beobachten:

- ❖ *Beobachten Sie Ihren Körper.* Konzentrieren Sie sich auf Ihre Füße, gehen Sie langsam und beobachten Sie, wie Sie Ihre Füße bewegen und setzen. Lernen Sie, sich Ihrer Schritte bewusst zu werden – links, rechts, links, rechts und so weiter – und erinnern Sie sich immer wieder daran, Ihre Aufmerksamkeit darauf zu richten.
- ❖ *Beobachten Sie Ihren Geist.* Werden Sie sich der Aktivität Ihres Geistes bewusst. Wenn ein Gedanke auftaucht, beobachten Sie, ob er angenehm, unangenehm oder neutral ist, doch verbinden Sie kein Gefühl mit dem Gedanken. Dasselbe gilt für Emotionen. Lassen Sie sie los und achten Sie erneut auf die Bewegungen Ihres Körpers.

Die Meditation im Gehen ist eine hervorragende Methode,

um zu lernen, Bewusstheit in unsere alltäglichen Handlungen zu bringen. Für die meisten Menschen ist es der einfachste Weg zur Entfaltung der Achtsamkeit. Außerdem lässt sich die Meditation leicht in den Alltag einbinden, ohne diesen zu unterbrechen. Ich würde Ihnen empfehlen, diese Meditationsform als erste auszuprobieren, vor allem, da sie keine Verhaltensveränderungen erfordert. Sie können sie buchstäblich schrittweise üben, während Sie Ihren täglichen Aufgaben nachgehen.

Eine westliche Atemtechnik

Viele Menschen atmen bei Belastung und Stress instinktiv tief durch, um sich zu beruhigen. Der einfache Akt des Atmens ist außerdem eine effektive Meditationsübung. Der Zweck dieser Meditation ist die Beruhigung des Geistes.

Die Atmung ist etwas Selbstverständliches, und wir schenken ihr meist wenig Beachtung. Doch wie wir atmen, sagt alles: Unsere Atmung ist ein Spiegel unserer Emotionen und unserer Fähigkeit, mit Stress umzugehen. Halten Sie den Atem an, wenn Sie unter Druck stehen? Atmen Sie rasch, wenn Sie schnell eine Entscheidung treffen müssen und viel auf dem Spiel steht? Wissen Sie überhaupt, wie sich Ihre Atmung verhält, während Sie durch die Höhen und Tiefen des Lebens gehen?

Viele Menschen sind sich der Muster ihrer Atmung nicht bewusst. Im Buddhismus gilt der Atem als Verbindung zu unserer elementaren Lebenskraft. Wenn wir die Atmung richtig einsetzen, kann ihr natürlicher Rhythmus uns ein Gefühl der Ruhe vermitteln – und wir wissen ja, wie wertvoll dieser Zustand ist. Wenn Sie sich das nächste Mal in einer schwierigen Situation befinden, beobachten Sie Ihren Atem. Achten Sie auf das Tempo und den Rhythmus und darauf, ob Ihre Atmung angespannt ist. Wenn ja, machen Sie eine einfache Übung, um Ihren Atem zu kontrollieren und dafür zu sorgen, dass er wieder in seinen natürlichen, langsamen Rhythmus fällt. Atmen Sie tief ein und füllen Sie dabei Bauch und Lunge. Atmen Sie langsam aus und drücken Sie die ganze Luft heraus, sodass Ihr Bauch sich nach innen wölbt. Erstaunlicherweise haben viele Menschen gelernt, genau andersherum zu atmen!

Anfänger können zwei einfache Methoden anwenden, um ihre Atmung zu beobachten und zu kontrollieren:

- *Zählen.* Zählen Sie beim Einatmen bis vier oder bis sechs und beim Ausatmen genauso. Achten Sie darauf, dass Ihre Atmung ihren natürlichen Rhythmus beibehält. Das Zählen ist im Grunde nichts anderes als ein einfaches Mantra oder eine Meditation und hilft Ihnen, die Sorgen aus Ihren Gedanken zu verbannen.
- *Folgen.* Wenn sich Ihre Atmung normalisiert hat, können Sie mit dem Zählen aufhören und einfach Ihrem natürlichen Atemrhythmus folgen – ein, aus, ein, aus. Nach fünf Minuten stellen Sie fest, dass sich Ihr Stress verringert und Ihr Geist sich klärt.

Meditation im Sitzen

Die Meditation im Sitzen hat denselben Zweck wie die Meditation im Gehen, mit dem Unterschied, dass Sie sich jetzt auf Ihre Atmung konzentrieren. Die Meditation im Sitzen ist außerdem besser geeignet, um äußere Ablenkung auszuschalten und sich auf den Prozess der Meditation zu konzentrieren.

Setzen Sie sich mit überkreuzten Beinen auf den Boden oder verwenden Sie einen festen Stuhl. Achten Sie in jedem Fall darauf, dass Sie aufrecht sitzen und sich nicht anlehnen, um zu verhindern, dass Sie *zu* bequem sitzen und schläfrig werden. Welche der beiden Positionen Sie wählen, ist zweitrangig, wichtig ist nur, dass Sie bequem und stabil sitzen. Ein aufrechter, nicht angelehnter Rücken erlaubt es Ihnen, über einen langen Zeitraum bequem Ihre Haltung beizubehalten, ohne dass Sie die Balance zu sehr anstrengt. Dies soll verhindern, dass Sie sich Sorgen um Ihren Körper machen, denn die Entwicklung des Geistes durch ruhige und einsichtsvolle Meditation ist ein sehr subtiler Prozess.

Atmen Sie tief ein und atmen Sie langsam und lange aus. Atmen Sie wieder tief ein, strecken Sie Ihren Körper und atmen Sie mit einem langsamen und langem Atemzug aus. Wiederholen Sie dies 24 Mal und atmen Sie dann normal. Seien Sie sich Ihres sitzenden Körpers bewusst. Seien Sie sich jedes Atemzugs bewusst. Wenn Ihr Geist abzuschweifen beginnt und Sie einem Gedanken nachgehen, lassen Sie diesen Gedanken fallen, sobald Sie sich seiner bewusst werden, und achten Sie erneut auf Ihren Atem.

Die Meditation im Sitzen erfordert etwas mehr Vorbereitung als die Meditation im Gehen, doch aus diesem Grund liefert sie auch tiefergehende Ergebnisse.

Als ich zu meditieren begann, machte ich die Erfahrung, dass die Meditation im Sitzen schwieriger war als die Meditation im Gehen. Es fiel mir leichter, mich auf die Bewegung meiner Füße zu konzentrieren als auf meinen Atem, wie es die Meditation im Sitzen erfordert. Die Meditation im Sitzen hat denselben Zweck wie die Meditation im Gehen – Sie sollen Kontrolle über Ihre Gedanken und Gefühle gewinnen –, doch die Passivität und Ruhe, die bei der Meditation im Sitzen erforderlich sind (ganz zu schweigen von der Sitzhaltung mit gekreuzten Beinen!) stellten eine größere körperliche Herausforderung dar.

Doch beide Meditationsformen, die im Gehen und die im Sitzen, helfen Ihnen, Ihre negativen Emotionen besser zu beherrschen, Ihre gedankliche Zerstreutheit zu reduzieren und Ihre Konzentrationsfähigkeit zu steigern. Diese Resultate stellen sich nicht sofort ein und auch noch nicht nach den ersten Sitzungen. Wie bei jeder Form der Meditation ist der Schlüssel die kontinuierliche Übung.

Konzentrationsmeditation

Wie der Name andeutet, geht es in der Konzentrationsmeditation darum, uns auf einen einzigen Gegenstand zu konzentrieren – eine Blume, eine Farbe, einen Stift oder einen Kieselstein – und auf diese Weise den Geist zu sammeln. Manchen fällt es leichter, den Gegenstand mit geschlossenen Augen zu visualisieren, andere empfinden es als effektiver, mit geöffneten Augen zu meditieren.

Wenn Ihre Aufmerksamkeit auf den gewählten Gegenstand gerichtet ist, sollten Sie entspannt sein. Sind Sie allerdings zu entspannt, besteht die Gefahr, dass Ihre Gedanken abschweifen oder Sie schläfrig werden. Sie sollten einen gewissen Grad an innerer Spannung empfinden, während Sie sich auf den Gegenstand fokussieren, so als ob Ihr Geist mit dem Gegenstand eins geworden ist. Diese ungewöhnliche Kombination aus innerer Spannung und entspannter Wachheit ist entscheidend. Das Bild sollte klar und fest sein.

Anant Asavabhokin, Vorstandsvorsitzender des Unternehmens Land and Houses Ltd. in Thailand, erzählte mir, er benutze zur Konzentrationsmeditation das schöne Bild eines Berges, des Meeres oder einer Landschaft.

Nach einem zweiwöchigen Arbeitstreffen mit dem Dalai Lama schenkte mir Seine Heiligkeit eine wundervolle Buddhastatue, die jetzt auf meinem Schreibtisch steht. In der Konzentrationsmeditation versuche ich, mir diese Statue bis ins kleinste Detail vorzustellen. Buddhistische Anweisungen für die Konzentrationsmeditation empfehlen, man solle sich den Gegenstand so lebhaft und leuchtend wie möglich vorstellen. Dies fällt mir noch immer sehr schwer, doch wenn

es mir gelingt, empfinde ich danach ein tiefes Gefühl des Friedens.

Analytische Meditation

Die analytische Meditation, die auch Einsichtsmeditation genannt wird, soll Ihre Fähigkeit stärken, eine Fragestellung aus vielen unterschiedlichen Perspektiven zu betrachten und sich beliebig lange darauf zu konzentrieren. In der Einsichtsmeditation setzen Sie Ihre Denkfähigkeit ein und bewirken Veränderungen durch systematische Erforschung und Analyse. Auf diese Weise können Sie angemessenen Gebrauch von Ihrer menschlichen Intelligenz – Ihrer Denk- und Analysefähigkeit[9] – machen, um Ihr Verständnis zu verbessern und Ihre Lebenszufriedenheit zu steigern. Der Unterschied zwischen der Konzentrations- und der Einsichtsmeditation liegt nicht in der Art des Gegenstands, sondern in der Art und Weise, wie Sie Ihren Geist einsetzen.

Nehmen Sie beispielsweise eine negative Emotion wie Ärger. Zunächst reflektieren Sie über die zerstörerischen Auswirkungen des Ärgers auf Ihre körperliche Gesundheit und Ihre emotionalen Beziehungen. Analysieren und reflektieren Sie nicht nur ein- oder zweimal, sondern immer wieder, bis Ihre Erkenntnis Teil Ihres tieferen Verständnisses geworden ist. Nehmen wir nun an, Sie haben dieses tiefere Verständnis erlangt, und jemand fügt Ihnen Schaden zu. Spontan reagieren Sie verärgert. Doch wenn das Gefühl des Ärgers in Ihnen hochkommt, erinnern Sie sich aus Ihrer Meditation an die zerstörerische Natur des Ärgers, und Sie werden sich bewusster, dass es nicht wünschenswert ist, diesem Ärger nachzugeben, ihn überborden zu lassen und dabei die Kontrolle über Ihren Geist zu verlieren.

Das heißt nicht, dass Sie nichts unternehmen sollten, wenn jemand versucht, Ihnen Schaden zuzufügen. Sie sollten im Gegenteil Gegenmaßnahmen ergreifen, um Nachteile für sich und andere abzuwenden und falls nötig auch sehr entschieden vorgehen. Doch diese Meditation hilft Ihnen, den zerstörerischen Ärger abzubauen, um auf diese Weise frei von Hass auf die Situation reagieren zu können.

Möglicherweise haben Sie in der Vergangenheit negative Dinge getan, die Sie bereuen, doch das macht Sie noch nicht zu einem grundsätzlich schlechten Menschen. Genauso können Sie lernen, die negativen Handlungen eines anderen Menschen von seiner Person als solcher zu trennen. Denken Sie daran, dass Faktoren im Spiel sein könnten, von denen Sie nichts wissen und die den betreffenden Menschen veranlasst haben könnten, so zu handeln. Mit einiger Übung können Sie die Situation aus unterschiedlichen Perspektiven heraus analysieren und sogar versuchen zu erkennen, ob eine schädliche Handlung oder schwierige Situation Ihr spirituelles Wachstum fördern oder Sie stärker machen könnte.

Ein weiteres Beispiel für die analytische Meditation ist

die Entwicklung von Dankbarkeit für die Anstrengungen und die Güte anderer. Es lohnt sich, über den Wert der Güte zu meditieren. Um überleben zu können, sind wir auf andere Menschen angewiesen. Zur Beschaffung von Nahrung, Kleidung und Unterkunft sind wir von anderen abhängig. Vielleicht denken Sie jetzt: »Das habe ich alles von meinem Geld bezahlt.« Doch das Geld kam nicht aus dem Nichts: Auch um Geld verdienen zu können, sind wir auf andere angewiesen. Oder vielleicht denken Sie: »Das kann ja alles sein, aber die anderen haben mir doch nicht bewusst geholfen. Das war doch nur ein Nebenprodukt ihrer eigenen Überlebensanstrengungen.« Das stimmt natürlich. Aber ich kann auch Dinge schätzen, die meine Wertschätzung nicht erwidern. Wenn beispielsweise meine Uhr auf den Boden fällt und kaputtgeht, dann empfinde ich das als Verlust. Das heißt jedoch nicht, dass diese Uhr etwas für mich empfindet. Sie ist mir nützlich, und deshalb ist mir an ihr gelegen. Genauso haben diese Menschen möglicherweise nicht gezielt etwas für uns getan, trotzdem profitieren wir von ihrer Arbeit und sollten sie daher anerkennen. Wir sind auf ihre Arbeit angewiesen, um zu überleben. Wenn Sie so denken, wird sich Ihre Einstellung verändern.

Die analytische Meditation lässt sich auf alles anwenden, das Sie besser verstehen wollen. Wenn Sie beispielsweise ein besseres Verständnis einer so schwierigen Vorstellung wie der »Vergänglichkeit« gewinnen wollen, können Sie diese zum Gegenstand Ihrer Meditation machen und erforschen, inwieweit sie auf Lebendes und Totes sowie auf lang- und kurzfristige Aspekte des Lebens zutrifft. Sie könnten die Vergänglichkeit beispielsweise zu verschiedenen Phänomenen aus der Welt der Naturwissenschaft, der Musik, der Wirtschaft und selbst zum Glück in Beziehung setzen.[10] Das Ergebnis einer solchen Erforschung ist eine Vertiefung Ihres Wissens.

Visualisierungsübungen

Visualisierung erfordert eine fortgeschrittene Kontrolle über den Geist. Bei dieser Art der Meditation stellen Sie sich vor, sich in etwas anderes zu verwandeln. Für Nicht-Buddhisten besteht der Sinn dieser Meditation in der Beruhigung des Geistes. Hier ist ein Beispiel für eine von vielen möglichen Visualisierungen.[11]

Stellen Sie sich vor, in Ihrem Körper verlaufen drei parallele Kanäle. Der mittlere Kanal ist eine durchsichtige Röhre von der Dicke Ihres kleinen Fingers, die von Ihrem Scheitel bis zum Ende Ihrer Wirbelsäule reicht. Der rechte und der linke Kanal sind ebenfalls durchsichtig, jedoch dünner als der Mittelkanal. Sie führen von Ihren Nasenlöchern bis zu Ihrem Scheitel, wo sie einen Bogen machen, um dann neben dem Mittelkanal die Wirbelsäule entlang nach unten zu verlaufen und etwas unterhalb des Nabels in den Mittelkanal zu münden.

Stellen Sie sich diese drei Kanäle vor. Atmen Sie dann zuerst durch Ihr linkes Nasenloch ein und stellen sich vor, wie die Luft durch den linken Kanal zum Scheitel und von dort hinunter zum Nabel fließt, wo sie in den rechten Kanal wechselt. Beim Ausatmen steigt die Luft im rechten Kanal nach oben, fließt durch den Scheitel und verlässt Ihren Körper durch das rechte Nasenloch. Wiederholen Sie diese Übung dreimal. Dann führen Sie sie in umgekehrter Abfolge aus, atmen Sie durch das rechte Nasenloch ein und durch das linke aus. Wiederholen Sie auch diese Übung dreimal. Schließlich atmen Sie durch beide Nasenlöcher ein, führen die Luft durch beide Kanäle in den Scheitel und hinunter zu der Stelle, an der sie in den Mittelkanal münden. Wenn die Luft dort angekommen ist, spannen Sie den Unterleib an und halten Sie die Luft an. Wenn Sie nicht mehr können, atmen Sie natürlich durch die Nase aus, stellen sich dabei jedoch vor, wie sich die Luft im Mittelkanal auflöst. Wiederholen Sie die Übung dreimal.

Als ich die Beschreibung dieser Übung zum ersten Mal las, hielt ich sie spontan für völligen Unsinn. Da ich von Natur aus ein skeptischer Mensch bin, habe ich eine Weile gebraucht, ehe ich mich überzeugen ließ, diese Meditation auszuprobieren.

Buddha erklärt, wir sollen nichts glauben, solange wir es nicht selbst erlebt und durch eigene Erfahrung bestätigt haben. In einem Artikel mit dem Titel »Life as a Laboratory« beschreibt der Astrophysiker Piet Hut von der Princeton University eine ähnliche Einstellung:

> Nachdem es jahrzehntelang unter Naturwissenschaftlern verpönt war, das Wort »Religion« auch nur in den Mund zu nehmen, haben sich viele Kollegen, darunter auch ich, »geoutet«, indem sie an Konferenzen teilnahmen oder Aufsätze schrieben, die sich allgemein mit dem Zusammenhang

von Naturwissenschaft und tiefer menschlicher Erfahrung befassten, mit einem Seitenblick auf Spiritualität. Ich habe begonnen, das Leben als Labor zu sehen, als eine Möglichkeit also, uns und die Welt zu erforschen.[12]

Huts Beschreibung gefiel mir, und ich beschloss, die Visualisierung auszuprobieren. Ich nahm an einem Meditationskurs in Indien teil, währenddessen ich zwei Wochen lang in sehr einfachen Verhältnissen in einem Zelt lebte. Meine Familie erwartete, dass es mir bei meiner Rückkehr schlecht gehen würde. Zu ihrer Überraschung hatte ich lediglich ein wenig abgenommen und war ansonsten bester Laune. Die Visualisierungen hatten meinen Geist beruhigt.

Mantras

Das Rezitieren von Mantras gilt als fortgeschrittene Form der Meditation und fällt manchen Menschen nicht leicht. Nicht-Buddhisten dient es wiederum der Beruhigung des Geistes. Die Wurzeln des Wortes Mantra sind die beiden Wörter »manna«, Geist, und »tra«, Schutz.[13] Nach Auffassung der Buddhisten trägt die Wiederholung eines Mantras, einer bestimmten Wortfolge, dazu bei, den Geist vor negativen Gedanken oder Emotionen zu schützen. Wir sind auch überzeugt, dass es der spirituellen Entwicklung dienlich ist.

Es gibt viele verschiedene Mantras für die unterschiedlichsten Zwecke. Zur Entfaltung eines guten Herzens ist zum Beispiel das Mantra *Om Mani Padme Hum* besonders geeignet. Dieses Mantra wird auch wiederholt, wenn jemand verstorben ist. Nach dem Tod meiner Mutter haben mein Bruder, ich und viele andere das Mantra *Om Mani Padme Hum* mehr als hunderttausendmal wiederholt.

Die Bedeutung von *Om Mani Padme Hum* ist sehr inspirierend.[14] *Om*, das »aum« oder »ohm« ausgesprochen wird, heißt Körper, Sprache und Geist. Mit dem Klang *Om* bringen wir zum Ausdruck, dass wir unseren Körper, unsere Sprache und unseren Geist reinigen wollen, um zu werden wie Buddha. Reinheit bedeutet die Abwesenheit ungesunder Gedanken, Emotionen und Handlungen. Die verbleibenden Silben erklären, wie wir diesen Schritt vollziehen, und verwenden dazu Gegenstände als Symbole. *Mani* bedeutet Juwel und bezieht sich auf das Rechte Handeln, das durch uneigennützige Absicht motiviert ist. *Padme* bedeutet Lotus. Der Lotus hat eine rein weiße Blüte, obwohl er aus dem Schlamm emporwächst. Er ist ein Symbol für unseren Geist, der zwar unrein (also vom Schlamm beschmutzt) ist, jedoch rein (wie die weiße Lotusblüte) werden kann. Dies bezieht sich auf die Rechte Anschauung. *Hum* schließlich bedeutet »unteilbar«: Rechtes Handeln und Rechte Anschauung lassen sich nicht voneinander trennen (siehe Kapitel 1 und 2).

Teil 2

UNTERNEHMENS-FÜHRUNG

Es ist die Aufgabe der Führungskraft, ein Unternehmen mit warmem und starkem Herzen zu schaffen und die Dinge so zu sehen, wie sie wirklich sind.

Kapitel 4

DIE AUFGABEN DER FÜHRUNG

Ich bin das Oberhaupt der tibetischen Exilregierung, und Tibeter in aller Welt empfangen mich mit großer Herzlichkeit. Eine meiner wichtigsten Aufgaben sehe ich darin, den Tibetern Vertrauen in die Zukunft zu geben. Ich bin überrascht, wie stark dieses Vertrauen ist. Auch wenn viele Tibeter im Exil in Armut leben, sind sie ein treues und fröhliches Volk geblieben.

Führungspersönlichkeiten, die Vertrauen erwecken, müssen sorgfältig darauf achten, dass sie auch das richtige Vertrauen wachrufen. Sie sollten ehrlich sein und keinen blinden Glauben verlangen. In der buddhistischen Tradition halten wir es für unabdingbar, dass Vertrauen mit Weisheit einhergeht. Weisheit bedeutet in diesem Fall Rechte Anschauung, das heißt, dass wir die Dinge so sehen, wie sie wirklich sind, und die Prinzipien der Vergänglichkeit, der gegenseitigen Abhängigkeit und des bedingten Entstehens erfassen. Vertrauen braucht Unterstützung, und diese Unterstützung kommt aus der Weisheit.

Weise Führungspersönlichkeiten untersuchen Ursache und Konsequenzen eines bestimmten Ziels oder Ereignisses und erforschen, ob es richtig, angemessen, wahr oder falsch ist. Vertrauen allein führt leicht zu Täuschungen und Fehlurteilen und ist oft durch Emotionen beeinflussbar. Ohne Weisheit glauben wir, was andere uns sagen, egal ob es richtig oder falsch ist. Vertrauen gibt uns die Kraft zu handeln und sogar Böses zu tun. Ist das Vertrauen so groß, ermahne ich Menschen, es mithilfe der Weisheit zu kontrollieren und das Gleichgewicht zu halten.

Andererseits nützt auch Weisheit ohne Vertrauen wenig, da ihr die nötige Tatkraft fehlt. Weisheit unterstützt Vertrauen, indem sie eine Richtung vorgibt und beharrlich an ihr festhält. Die beiden wirken partnerschaftlich zusammen, um ein Ziel zu erreichen. Doch letztlich ist Vertrauen die Sache jedes Einzelnen.

Viele Menschen sind der Ansicht, dass wir in Wirtschaft und Politik die falschen Führungskräfte haben. In der Tat gibt es viele schlechte Manager. Die daraus resultierenden Unternehmensskandale werfen ein schlechtes Licht auf sämtliche Unternehmen. Und schlechte politische Führung verursacht Armut und Krieg.

Viele Menschen beklagen außerdem einen Mangel an Fairness. In wohlhabenden Nationen ist diese Stimmung eine Folge der zunehmenden Ungleichheit und Arbeitsplatzunsicherheit. In Entwicklungs- und Schwellenländern sind sich immer mehr Bürger der sozialen Ungerechtigkeiten bewusst und widersetzen sich den Entbehrungen und der Missachtung der menschlichen Würde. Sie sehen die Verantwortung dafür bei ihren wirtschaftlichen und politischen Führern.

Eine weitere große Herausforderung für Führungskräfte ist der Umgang mit Krisen. Die zunehmende Vernetzung hat zweierlei Auswirkungen: Zum einen kann das System manche der Erschütterungen besser auffangen, zum anderen kann eine kleine Erschütterung in einer Region katastrophale Konsequenzen in einer anderen haben. Ein Beispiel ist der Dominoeffekt, den die Hypothekenkrise in den USA Ende 2007 auslöste. Hypothekenbanken verliehen in großem Umfang Geld an nicht kreditwürdige Kunden; durch die große Zahl der Kreditausfälle wurden die Fonds, zu denen diese Hypothekenbanken gehörten, nahezu wertlos, und große Finanzinstitute verloren weltweit mindestens 200 Milliarden US-Dollar. Angesichts des Vernetzungsgrades eines komplexen Systems wie diesem müssen Führungskräfte in einer Krise ruhig, gesammelt und konzentriert bleiben können.

Die Herausforderungen nehmen an Bedeutung und Dringlichkeit zu. Um ihnen begegnen zu können, müssen Führungskräfte ihre geistige Leistungsfähigkeit steigern. Die Prinzipien der Rechten Anschauung und des Rechten Handelns können einen wichtigen Beitrag dazu leisten. Wenn beispielsweise die Mitarbeiter eines Unternehmens das Gefühl haben, dass sie als Menschen respektiert werden, dass ihre Leistung Anerkennung findet und dass sich Einstellungs- und Beförderungspraktiken an der Leistung orientieren, dann nehmen sie das Unternehmen als fair wahr. Dasselbe trifft auf Kunden zu, wenn das Unternehmen ein echtes Interesse an ihren Bedürfnissen zeigt und wenn sie als Gleichberechtigte behandelt werden.

In diesem Kapitel wenden wir uns der Frage zu, warum eine Führungskraft ihrem Unternehmen ein Leitbild und verbindliche Werte vorgeben muss. Wir beschreiben außerdem, welche Eigenschaften eine Führungskraft entwickeln sollte; darunter fallen eine effektive Entscheidungsfindung und der Umgang mit Veränderungen. Schließlich machen wir Vorschläge für die Auswahl und Schulung geeigneter Führungskräfte.

Definition eines Leitbildes für das Unternehmen

Chester Barnard schrieb einen Klassiker über die Obliegenheiten einer Führungskraft, und seine Darstellung hat bis heute Bestand.[15] Seiner Ansicht nach bestanden die Aufgaben der Führung vor allem darin, Leitbilder zu formulieren, ein Kommunikationssystem bereitzustellen sowie kompetente Mitarbeiter zu engagieren, zu halten und sie zu motivieren, bei der Umsetzung der Leitbilder ihr Bestes zu geben.

Das klingt einfach. Warum gibt es dann aber so wenige wirklich gute Führungspersönlichkeiten? Weil effektive Führung die Fähigkeit voraussetzt, Vertrauen zu schaffen – und diese Fähigkeit besitzt nicht jeder. Barnard schreibt dazu:

> Führung muss kooperative Entscheidungsprozesse anstoßen, indem sie Vertrauen schafft: Vertrauen, dass alle an einem Strang ziehen; Vertrauen, dass am Ende der Erfolg stehen wird; Vertrauen, dass persönliche Belange befriedigt werden; Vertrauen in die Integrität der Führung; Vertrauen, dass das Leitziel des Unternehmens auch das beste persönliche Ziel jedes seiner Mitarbeiter ist. Vertrauen ist der Katalysator, der es dem lebendigen System menschlicher Arbeit ermöglicht, permanent Energie und Befriedigung auszutauschen. Ohne Vertrauen fehlt diese Vitalität, und das Unternehmen stirbt. Kooperation, nicht Führung ist der kreative Prozess. Doch Führung ist die unerlässliche Voraussetzung für ihren Erfolg.

Ein weiteres unerlässliches Element guter Führung ist die Fähigkeit, ein Leitbild für ein Unternehmen zu entwerfen; eine Aufgabe, die oft erstaunlich schwer ist. Doch ohne sinnvolles und erreichbares Ziel ist es nahezu unmöglich, unter den Mitarbeitern hohe Moral und Motivation zu schaffen. Menschen wollen – und müssen – den Zweck ihres Tuns kennen.

In seinem Bestseller ***Der Weg zu den Besten*** beschreibt Jim Collins sehr eindringlich die Bedeutung eines klaren Leitbildes.[16] Collins vergleicht »die besten« Unternehmen mit anderen in ihrer Branche: Die besten Unternehmen zeichneten sich dadurch aus, dass sie über einen Zeitraum von fünfzehn Jahren gemessen am Aktionärsvermögen eine sehr viel bessere Leistung erbrachtet hatten als ihre Konkurrenten. Dabei stellte er fest, dass selbst gute Unternehmen oft mehr als ein Jahr brauchten, um Leitbilder zu formulieren, und mehrere Jahre, um sie umzusetzen. In den meisten Fällen musste zunächst ein kompetentes Führungsteam zusammengestellt werden, ehe das Leitbild effektiv realisiert werden konnte. Ohne Führungskräfte, die an das Leitbild glauben, es kommunizieren, es vorleben und seine Durchsetzung unter den Mitarbeitern sicherstellen, muss das Konzept scheitern.

In vielen Unternehmen wird dieses Leitbild als »Mission« bezeichnet. Jack Welch, der vormalige Vorstandsvorsitzende von General Electric, stellte zu seiner Überraschung bei seinen Managementseminaren fest, dass 60 Prozent aller teilnehmenden Vorstandsvorsitzenden kein Leitbild und 80 Prozent keine klar definierten Unternehmenswerte hatten. Die meisten Leitbilder waren obendrein inhaltsleer und lauteten etwa: »Wir wollen das beste Unternehmen der Branche sein.« Nehmen Sie zum Vergleich ein sinnvolles Leitbild wie das von Google, nämlich »die Informationen

der Welt zu organisieren sowie allgemein nutzbar und zugänglich zu machen«.[17]

Wenn wir Menschen nach dem Sinn und Zweck ihres Lebens fragen, dann haben nur wenige eine Antwort, auch wenn sie sich einen solchen Sinn wünschen würden. Meine Antwort auf diese Frage ist einfach: Der Sinn des Lebens besteht darin, glücklich zu sein. Ein gemeinsames Leitziel – ein gemeinsamer Wunsch nach Glück – ist die Voraussetzung dafür, dass Menschen sich mit einer Organisation identifizieren. Wenn sie nach dem Antritt einer Stelle erkennen, dass das Unternehmen kein klares Leitbild hat, sind sie enttäuscht und demotiviert, und die Aussicht auf Glück schwindet. Sind sich Mitarbeiter dagegen im Klaren über das Leitbild, das von einer starken Führung kommuniziert wird, dann trägt der Eintritt in das Unternehmen zu ihrem Glück bei.

Vorgabe von Werten

Neben der Vorgabe der Leitbilder eines Unternehmens gehört es zu den wichtigsten Aufgaben einer Führungskraft, Werte und Prinzipien zu formulieren, an denen sich Management und Angestellte in ihren Entscheidungen und Handlungen orientieren. Diese moralischen Leitbilder werden verschiedentlich als Verhaltenskodex, freiwillige Selbstverpflichtung oder Unternehmensverantwortung bezeichnet.

Es ist die Aufgabe der Führungskraft, die Identifikation mit diesen Leitbildern zu ermöglichen und sich selbst an diese Prinzipien

zu halten. Darum liegt die Entwicklung dieser Prinzipien in der Verantwortung des Topmanagements und kann nicht delegiert werden.

Cor Herkströter, der frühere Vorstandsvorsitzende von Shell und heutige Verwaltungsratsvorsitzende von ING, verrät, wie schwer es ist, diese Prinzipien zu formulieren. Er erklärt, der Wert der ethischen Leitbilder steige erheblich, wenn sie »nie« verändert werden. Prinzipien, die von einem Jahr zum anderen immer wieder wechseln, werden wertlos für die Mitarbeiter und damit für das Unternehmen. In einem Gespräch erklärte er mir: »Wenn diese Prinzipien die richtige Qualität haben, dann sagen alle: ›Stimmt, das hätte von mir stammen können.‹«

Laut Herkströter müssen ethische Leitbilder vier Eigenschaften erfüllen:

- Sie müssen klar und leicht verständlich sein.
- Sie müssen für die Mitarbeiter des Unternehmens attraktiv sein.
- Sie müssen den Mitarbeitern helfen, verantwortliche Entscheidungen zu treffen.
- Sie müssen in verschiedenen Kulturen bedeutsam sein (im Falle eines internationalen Unternehmens).

Eine Erweiterung der Unternehmensethik ist das Konzept der »corporate citizenship«. Damit ist gemeint, dass sich ein Unternehmen wie ein verantwortungsvolles Mitglied der Gesellschaft zu verhalten hat, ähnlich wie ein einzelner Bürger. Diese neue Bewegung ist unter zahlreichen Schlagwörtern wie Nachhaltigkeit, soziales Unternehmertum oder nachhaltige Unternehmensbilanz bekannt, um nur drei zu nennen.

Egal, welche Bezeichnung man bevorzugt: Man könnte sagen,

dass mit der Idee der gesellschaftlichen Verantwortung von Unternehmen die buddhistischen Prinzipien der Rechten Anschauung und des Rechten Handelns vom Einzelnen auf das gesamte Unternehmen übertragen werden. Heute erwähnen viele Unternehmen bei der Definition ihrer Werte den Begriff »Stakeholder«. Stakeholder sind nicht nur die Anleger, sondern alle Einzelpersonen und Organisationen, die von den Entscheidungen des Unternehmens betroffen sind. Zum engeren Kreis der Stakeholder gehören die Mitarbeiter, Aktionäre, Kunden und Zulieferer, zum weiteren Kreis andere Organisationen wie Bürgerinitiativen, Behörden und die Gemeinden, in denen das Unternehmen seine Niederlassungen hat. Auch die Umwelt wird oft in den Kreis der Stakeholder aufgenommen, da natürlich auch sie von den Handlungen eines Unternehmens betroffen ist. Diese Definition passt zur buddhistischen Vorstellung des Rechten Handelns.

Einige der Werte, die in ethischen Leitbildern von Unternehmen zum Ausdruck kommen – wie zum Beispiel im Folgenden –, sind Beispiele für das Rechte Handeln im Sinne des Buddhismus:[18]

- Wir erwarten, dass unsere Mitarbeiter nach den Grundsätzen der Ehrlichkeit, Integrität und Fairness handeln. (*Handlung*)
- Wir wollen durch verantwortungsvolles Handeln für Gesellschaft und Umwelt dazu beizutragen, dass alle Menschen ein besseres Leben führen können. (*Sorge für das Wohl anderer*)
- Wir nehmen unsere gesellschaftliche Verantwortung ernst und investieren unter effizientem Einsatz unserer Mittel in soziale Einrichtungen. (*Verantwortliches Handeln*)

- Wir verpflichten uns zu nachhaltigen Geschäftspraktiken und Umweltschutz. (*Sorge für die Umwelt*)
- Unsere Kunden haben uns ihr Vertrauen geschenkt. Im Gegenzug müssen wir uns bemühen, ihre Bedürfnisse zu verstehen und ihnen mit unseren Dienstleistungen entgegenzukommen. (*Sorge um das Wohl anderer Menschen*)

Die Führungspersönlichkeit

Die Hauptaufgaben der Führungskraft bestehen also darin, Leitbilder vorzugeben, Werte zu definieren, Vertrauen zu schaffen und die richtigen Entscheidungen zu treffen. Die meisten Menschen würden vermutlich zustimmen, dass die Qualität des Topmanagements einer der wichtigsten Erfolgsfaktoren für ein Unternehmen ist. Doch wer eignet sich am besten für diese Position?

Chester Barnard unterscheidet zwischen technischen Fertigkeiten und Charakter:

> Eine Führungspersönlichkeit sollte ausgezeichnete technische Fertigkeiten mitbringen, insbesondere Technologieverständnis, Wahrnehmung, Wissen, Gedächtnis und Fantasie. Darüber hinaus sollte sie in überdurchschnittlichem Maße über Entschiedenheit, Ausdauer und Mut verfügen.[19]

Um nach buddhistischem Vorbild zu führen, müssen Führungskräfte ihre Persönlichkeit mithilfe der Prinzipien der Rechten Anschauung und des Rechten Handelns schulen. Die erwünschten Eigenschaften entwickeln sich durch konsequente Anwendung dieser Prinzipien.

Führen erfordert Risikobereitschaft. Wenn sich eine Entscheidung als falsch erweist, trägt der Manager die Verantwortung. Eine neue Führungskraft stellt sehr schnell fest, dass alle strittigen Entscheidungen auf ihrem Schreibtisch landen und sie sehr viel Mut benötigt.

Wenn Sie nach den Prinzipien der Rechten Anschauung und des Rechten Handelns vorgehen, betrachten Sie eine Frage von unterschiedlichen Seiten und bedenken die Konsequenzen jeder möglichen Entscheidung für das Unternehmen und seine Stakeholder. So verringern Sie das Risiko, denn Sie wissen, dass Sie den richtigen Entschluss treffen.

Bei einem äußerst erfolgreichen niederländischen Unternehmen erörterten die Mitglieder des Vorstands jede wichtige Entscheidung aus unterschiedlichen Perspektiven und diskutierten dabei gelegentlich heftig. Doch sie machten es sich zur Regel, den Entschluss selbst erst am darauffolgenden Tag zu treffen, wenn sich die Gemüter wieder beruhigt hatten. Nita Ing, die Vorstandsvorsitzende des taiwanesischen Konzerns Continental Engineering, erzählte mir, dass sie ihre Entscheidungen anfangs sofort traf, weil sie als starke Führungspersönlichkeit dastehen wollte. Später jedoch, nachdem sie die Prinzipien der Rechten Anschauung und des Rechten Handelns verinnerlicht hatte, erkannte sie, dass es wichtiger war, richtige Entscheidungen zu treffen als schnelle.

Ein nützlicher Leitfaden des Buddhismus sind die »sieben Eigenschaften eines idealen Menschen«. Wie der Dalai Lama zeigt, treffen diese Eigenschaften auch auf die ideale Führungspersönlichkeit zu.

Kenntnis der Prinzipien und Ursachen

Führungspersönlichkeiten sind sich bewusst, welche Aufgaben und Verantwortungen ihre Rolle beinhaltet und vor welchen Herausforderungen sie stehen. Sie sollten in der Lage sein, die Ursachen von Problemen zu erkennen und zu wissen, welche Prinzipien zu deren Lösung angewendet werden sollten. Beispielsweise könnte die Ursache eines Problems in der mangelnden Selbstdisziplin liegen. In diesem Fall sollten Führungspersönlichkeiten wissen, was sie tun können, um das Problem zu beheben.

Kenntnis der Ziele und Ergebnisse

Führungspersönlichkeiten kennen die Bedeutung und den Zweck der Prinzipien, nach denen sie handeln, sie verstehen die Aufgaben, die sie angehen, und sie kennen den Grund für ihr Handeln. Sie wissen, welche Konsequenzen ihre Handlung in der Zukunft hat und ob sie gute oder schlechte Ergebnisse erbringt. Diese Art der Voraussicht ist wichtig, wenn sie Entscheidungen treffen wollen, die erst in der Zukunft Ergebnisse zeitigen, oder wenn sie unpopuläre Maßnahmen ergreifen wollen.

Selbsterkenntnis

Führungspersönlichkeiten wissen um ihre Stärken, Talente, Fähigkeiten, Tugenden und um ihre Kenntnisse, und sie sind in der Lage, sich selbst zu korrigieren und zu verbessern. Sie wissen auch, wie begrenzt ihr Wissen über die Abläufe des Unternehmens ist und wie sich die Handlungen des Unternehmens auf die zahlreichen Stakeholder auswirken. Sie müssen bereit sein, viel zu lernen.

Kenntnis der Zurückhaltung

Führungspersönlichkeiten verstehen, sich in Worten und Taten zurückzuhalten. Sie handeln im Wissen um den Zweck und den zu erwartenden tatsächlichen Nutzen. Sie handeln nicht im Eigeninteresse, sondern im Interesse des Unternehmens, für das sie Verantwortung tragen.

Kenntnis des Rechten Zeitpunkts und des effektiven Umgangs mit der Zeit

Führungspersönlichkeiten wissen, wann der Rechte Zeitpunkt für eine Handlung gekommen ist und wie viel Zeit sie darauf verwenden sollten. Sie wissen, was wie zu tun ist, sie tun es rechtzeitig und pünktlich. Dazu gehört die richtige Zeitplanung und -einteilung. Außerdem benötigen sie Urteilsfähigkeit, um die wichtigsten Fragen zu erkennen und sich auf sie zu konzentrieren. Es ist äußerst wichtig, keine Zeit mit Banalitäten zu verschwenden.

Unternehmenskenntnis

Führungspersönlichkeiten wissen, dass die Mitarbeiter eines Unternehmens Regeln und Vorschriften haben, dass sie eine Kultur und Traditionen haben, und dass sie Bedürfnisse haben, auf die das Unternehmen in geeignetem Maße eingehen muss. Sie müssen den Charakter des Unternehmens verstehen und erkennen, dass sie dafür verantwortlich sind, diesen Charakter zu entwickeln und, wenn nötig, in einigen Aspekten zu verändern.

Menschenkenntnis

Führungspersönlichkeiten wissen, dass jeder Mensch anders ist. Sie können effektiv Beziehungen zu Menschen herstellen, wissen, was sie von anderen lernen können und wie sie Mitarbeiter loben, kritisieren, beraten oder anleiten sollten.

Geistig geschulte Führung

In Hunderten von Büchern wird beschrieben, welche Eigenschaften eine Führungskraft haben sollte und wie wir lernen können, eine »große« Führungspersönlichkeit zu werden. Jedes dieser Bücher bietet andere Rezepte. Tatsache ist jedoch, dass jeder anders führt und dass es keine Patentrezepte gibt, nach denen sich Führung erlernen lässt. Der Dalai Lama ist aber überzeugt, dass Menschen, die über das richtige Potenzial verfügen und vor allem lernen, mit geschultem Geist zu denken und zu handeln, ihre Führungsqualitäten erheblich steigern können.

Wer nie eine Führungsposition bekleidet hat, erkennt oft nicht, wie anspruchsvoll diese Aufgabe ist. Als ich zum ersten Mal in den Vorstand eines Unternehmens aufstieg, war ich überglücklich. Doch es dauerte nicht lange, bis ich die Probleme erkannte: Mitarbeiter

lagen im Streit, ein Kunde war unzufrieden, ein Abnehmer konnte nicht bezahlen, die Wechselkurse schwankten, gute Mitarbeiter verließen das Unternehmen, und ich hatte einen 18-Stunden-Tag. Die schwierigsten Fragen, auf die die anderen zu keiner Einigung finden, landen auf dem Schreibtisch des Chefs. So sollte es ja auch sein. Natürlich gab es auch Glücksmomente, doch im Grunde ist Führen Schwerstarbeit. Eine Führungskraft muss lernen, mit den unvermeidlichen Höhen und Tiefen umzugehen und selbst unter schwierigsten Umständen einen ruhigen, gesammelten und konzentrierten Geist zu bewahren.

In der buddhistischen Lehre gibt es zahllose Listen, die beim Umgang mit verschiedenen Problemen helfen sollen. Wir haben eine ausgewählt, die für Führungskräfte besonders hilfreich ist, die so genannten Acht Weltlichen Belange. In dieser Liste geht es um Zustände oder Ereignisse, die jeder von uns kennt: Lob und Kritik, Erfolg und Misserfolg, Gewinn und Verlust, guter Ruf und schlechtes Renommee.

Die Acht Weltlichen Belange werden in scheinbar verwirrender Form dargestellt, doch das ist Absicht. Sie bestehen aus vier Paaren, die einander zu widersprechen scheinen:

❖ Wir fühlen uns verletzt, wenn uns jemand beleidigt oder herabsetzt.
❖ Wir freuen uns, wenn uns jemand lobt.

❖ Wir sind niedergeschlagen, wenn wir einen Misserfolg erleben.
❖ Wir sind glücklich, wenn wir einen Erfolg erleben.

❖ Wir fühlen uns mutlos, wenn wir arm werden.

- ❖ Wir freuen uns, wenn wir reich werden.
- ❖ Wir ärgern uns, wenn man uns die Anerkennung verweigert.
- ❖ Wir sind zufrieden, wenn wir Berühmtheit erlangen.

Sehen wir uns das erste Paar an. Es erscheint uns völlig selbstverständlich, dass wir uns durch eine Beleidigung verletzt fühlen und uns über ein Lob freuen. Doch so natürlich diese Reaktion auch erscheinen mag, für einen Menschen mit geschultem Geist ist sie falsch. Wenn ein Mensch mit einem ungeschulten Geist herabgesetzt wird, empfindet er Schmerz oder Ärger. Ein Mensch mit einem geschulten Geist reagiert anders. Er fragt sich: »Was sind die Motive des Menschen, der mich herabsetzt? Ist er in der Lage, ein kompetentes Urteil zu fällen? Ist seine Meinung gerechtfertigt?« Ist die Meinung tatsächlich gerechtfertigt, kann der Angesprochene etwas lernen und sollte einräumen, dass er bedauerlicherweise einen Fehler gemacht hat. Ist die Meinung nicht gerechtfertigt, sollte er dies begründen. Handelt der andere aus Boshaftigkeit, erkennt der Mensch mit dem geschulten Geist dies als Gelegenheit zu überprüfen, inwieweit er in der Lage ist, ruhig zu bleiben und keine negativen Emotionen wie Ärger zu empfinden. Seine Reaktion sollte in jedem Fall davon abhängen, zu welchem Schluss er mit seinen Überlegungen kommt.

Dasselbe gilt für seine Reaktion auf Lob. Welche Motive hat der Menschen, der das Lob ausspricht? Kann er die Leistung tatsächlich beurteilen? Ist sein Urteil wertvoll, oder geht es ihm nur darum, eine Freude zu machen, oder schlimmer, sich einzuschmeicheln, um eine Gegenleistung zu erhalten? Lob und Kritik müssen leidenschaftslos nach ihrem tatsächlichen Wert beurteilt werden. Wir sollten nicht aus der Motivation heraus handeln, Kritik zu vermeiden oder Lob zu ernten, sondern um das Richtige zu tun.

Dieselben Überlegungen sollten im Falle der übrigen Paare angestellt werden. Es erscheint uns völlig selbstverständlich, dass wir uns niedergeschlagen fühlen, wenn wir einen Misserfolg erleben, oder dass wir glücklich sind, wenn wir einen Erfolg erleben. Doch Niedergeschlagenheit ist eine negative Emotion und hat keinerlei positiven Wert. Sie gibt uns keine zusätzliche Energie, um ein Problem zu lösen, sondern im Gegenteil, sie nimmt uns Energie. Ein Mensch mit geschultem Geist analysiert deshalb, ob der Misserfolg auf einen Fehler zurückgeht, den er selbst begangen hat, oder auf äußere Umstände. Wenn es sich um einen Fehler handelt, was lässt sich daraus lernen, um in Zukunft ähnliche Fehler zu vermeiden? Wenn wir uns über einen Erfolg freuen, dämpft dies unsere Energie nicht, sondern es steigert sie. Es besteht jedoch die Gefahr, dass wir meinen, der Erfolg sei allein unserer eigenen Genialität geschuldet, weshalb auch sämtliche zukünftigen Handlungen von Erfolg gekrönt sein müssten. Jeder Erfolg ist das Resultat eines Zusammenspiels verschiedener Ursachen. Unsere Entscheidung war möglicherweise nur einer von vielen Faktoren. Wir müssen den Beitrag anerkennen, den andere Menschen und verschiedene Umstände zu unserem Erfolg geleistet haben. Zudem wäre es gefährlich zu glauben, dass wir mit allem Erfolg haben, was wir angehen, denn auf diese Weise entwickeln wir leicht Arroganz und falschen Stolz.

Auch das dritte Paar erscheint uns völlig natürlich: Wir fühlen uns mutlos, wenn wir arm werden, und freuen uns, wenn wir reich werden. Niemand tut etwas mit dem Vorsatz, arm zu werden. Oder aus unternehmerischer Sicht gesprochen, kein Unternehmen nimmt sich vor, Verluste zu erwirtschaften. Doch in der Realität kommt es natürlich gelegentlich vor, dass Unternehmen rote Zahlen schreiben. Die richtige Reaktion besteht darin, herauszufinden, wie sich diese Verluste wieder in Gewinne verwandeln lassen. Mutlosigkeit ist eine negative Emotion. Auch Freude über finanzielle und andere Erfolge eines Unternehmens ist natürlich. Doch es besteht das Risiko, zu meinen, der Erfolg müsse von Dauer sein. Wenn nicht die richtigen Entscheidungen getroffen werden, kann das Unternehmen in einigen Jahren Verluste machen. Es ist in Ordnung, sich über Gewinne zu freuen, solange wir nicht annehmen, dass unser Unternehmen weiterhin erfolgreich sein kann, wenn es sich nicht verändert.

Menschen, die sich freuen, wenn sie berühmt werden, haben diese Berühmtheit vermutlich gesucht. Berühmtheit ist wie Reichtum: Sie weckt leicht ein unersättliches Verlangen nach mehr. Dieses Verlangen hat zwei Probleme. Zum einen wird jemand mit einem unstillbaren Verlangen nach Prominenz nie glücklich werden, denn Bekanntheit hat ihre Grenzen. Es wird immer Menschen geben, die noch berühmter sind. Zum anderen ist Berühmtheit nur dann gut, wenn sie das Resultat Rechten Handelns ist. Wird sie nur um ihrer selbst willen und ohne Rücksicht auf das Prinzip des Rechten Handelns gesucht, ist sie schlecht. Ein ambitionierter Mensch benötigt einen starken Willen, um nicht der Ruhmsucht zu erliegen.

Aus diesen vier Paaren ergibt sich ein Muster: Wir können uns über positive Ereignisse freuen, doch wir sollten uns nicht von ihnen abhängig machen oder meinen, dass sie etwas über die Zukunft aussagen.

Am Arbeitsplatz gibt es zahlreiche Beispiele für Erfolg und Misserfolg. Mir fällt spontan eine Geschichte ein: Die Vorstandsvorsitzende eines Softwareunternehmens erfährt, dass sie auf die Liste der 100 besten Manager des Jahres gewählt wurde. Sie freut sich, und zwar zu Recht. (Wäre sie auf die Liste der schlechtesten Manager gewählt worden, würde sie sich mit derselben Berechtigung schlecht fühlen.) Die Manager, die nicht auf der Liste stehen, sind der Ansicht, sie hätten ebenfalls gewählt werden sollen und sind neidisch. (Andere, die befürchtet hatten, unter die schlechtesten Manager gewählt zu werden, sind froh, dass sie nicht auf dieser Liste stehen.) Diese Reaktionen sind völlig natürlich.

Eine Managerin, die in der Rechten Anschauung geschult ist, freut sich, dass sie gewählt wurde, doch sie denkt auch daran, welche Unterstützung sie von anderen erhalten hat – und dass sie Glück hatte. Eine Managerin, die dagegen zu einer der schlechtesten Führungskräfte gewählt wurde, sollte sich zunächst die Zeit nehmen, sich zu beruhigen, denn es ist kaum zu vermeiden, dass sie sich unglücklich fühlt. Sie weiß, dass ihre Mitarbeiter, ihre Familie und ihre Freunde davon erfahren. Doch sie erkennt auch, dass sie ihre geistige Energie verschwenden würde, wenn sie sich aufregen, Schuldige suchen oder das Magazin beschimpfen würde. Als Nächstes überlegt sie also, ob die Wahl gerechtfertigt ist und ob sie etwas daraus lernen kann. Sie sollte ihre Überlegungen mit anderen besprechen. Was können sie zusammen unternehmen, um die Situation zu verbessern? Das Prinzip der Rechten Anschauung

lehrt uns, dass wir lernen müssen, unseren Geist in konstruktiver Weise zu lenken, vor allem wenn unser Ego verletzt wurde.

Nita Ing, Vorstandsvorsitzende von Continental Engineering in Taiwan, erzählte mir, wie ihr die Anwendung der Rechten Anschauung zu einem wichtigen Erfolg verhalf. Sie ist Aufsichtsratsvorsitzende des Unternehmens Taiwan High-Speed Rail Corp (THSRC), das an der Ausschreibung zum Bau einer Hochgeschwindigkeitsbahn in Taiwan teilnahm. Das Auftragsvolumen betrug 15 Milliarden US-Dollar. Das Unternehmen bot gegen ein Konsortium, das über gute Beziehungen zur Regierung verfügte, während Nita Ing den Oppositionsführer unterstützte. Im Bieterwettbewerb legte THSRC ein erheblich günstigeres und qualitativ hochwertigeres Projekt vor. Man kann sich vorstellen, wie entsetzt die Regierung war, dass sie den größten Bauauftrag in der Geschichte Taiwans an ein Unternehmen vergeben sollte, das von einer Frau geführt wurde, die auf Seiten des Oppositionsführers stand.

Wie zu erwarten wurde eine Kampagne gestartet, um eine Revision der Entscheidung zu bewirken. Steuerfahnder wurden auf THSRC angesetzt, um in den Büchern Hinweise auf illegale Aktivitäten oder Steuerhinterziehung zu finden. Nita Ing und ihre Kinder erhielten Morddrohungen. Die Medien beteiligten sich und behaupteten, sie sei unfähig, einen derart großen Auftrag zu bewältigen. Schließlich war der Druck zu groß geworden. Sie war eine wohlhabende Frau und fragte sich, warum sie ihr Leben und das ihrer Kinder ruinieren sollte, nur um diesen Auftrag zu bekommen.

Nita Ing erzählte ihrem Buddhismuslehrer, sie wolle am nächsten Tag das Handtuch werfen. Ihr Lehrer Zopa Rinpoche[20] erwiderte: »Sie müssen tun, was Sie für richtig halten. Bedenken Sie aber, dass das Projekt, an dem Sie beteiligt sind, ein großes Geschenk ist.«

Nita Ing erwiderte: »Ein Geschenk? Das kann doch nicht Ihr Ernst sein! Es bringt mich um!«

Ihr Lehrer antwortete: »Es ist ein großes Geschenk, denn es gibt Ihnen die Gelegenheit, Veränderungen zum Besseren zu bewirken. Bitte tun Sie etwas für mich. Denken Sie darüber nach. Und beruhigen Sie sich. Treffen Sie keine Entscheidung, solange Sie so aufgebracht sind, denn Sie sehen die Dinge nicht so, wie sie wirklich sind.«

Nach einigem Zögern entschied sich Nita Ing, seinem Rat zu folgen. Sie überdachte ihre Entscheidung bis zum darauffolgenden Morgen, warf das Handtuch nicht – und ihr Unternehmen erhielt schließlich den Zuschlag.

Achtsamkeit entfalten

Die Anwendung der Rechten Anschauung und vor allem der Achtsamkeit, wie wir sie in den ersten drei Kapiteln beschrieben haben, hilft Ihnen, sich Ihrer Gefühle, Ihrer Wahrnehmung und der Inhalte Ihres Bewusstseins klar zu werden, während sich diese in Ihrem Gehirn manifestieren. Nehmen wir an, ein Vorstandsvorsitzender hat eine Vorstandssitzung einberufen, um ein wichtiges Thema zu erörtern, das sämtliche Mitglieder des Vorstands betrifft. Die Sitzung soll um 10 Uhr beginnen. Als der Vorstandsvorsitzende pünktlich den Raum betritt, stellt er fest (*Gefühl*), dass einer der Manager fehlt (*Wahrnehmung* und *Bewusstsein*). Er hat nun verschiedene Möglichkeiten: Er kann warten, bis der betreffende Manager eintrifft, er kann die Sitzung auch ohne ihn beginnen, ihn auf dem Mobiltelefon anrufen oder seine Sekretärin bitten, den Grund für die Abwesenheit des Managers in Erfahrung zu bringen. Für einen geistig nicht geschulten Menschen hat dieser Prozess eine emotionale Dimension. Der Vorstandsvorsitzende ist verärgert, weil der Manager nicht erschienen ist. Er könnte dies als Zeichen fehlender Disziplin deuten oder als mangelnden Respekt für ihn und die übrigen Anwesenden, die pünktlich erschienen sind. Vermutlich ärgert er sich, vor allem wenn die betreffende Person häufig zu spät kommt – ein typisches Beispiel dafür, wie negative Gedanken und Emotionen entstehen.

Diese Reaktionen mögen vollkommen natürlich erscheinen, doch geistig nicht geschulte Menschen interpretieren eine Situation oftmals falsch. In einer Abfolge von Emotionen, Wahrnehmungen und Bewusstsein ordnen sie das Gefühl sofort ein: angenehm oder unangenehm, freundlich oder feindlich, positiv oder negativ, und so weiter.

Ein geistig geschulter Mensch hat dagegen gelernt, diese sofortige Einordnung zu vermeiden. Die richtige Entscheidung hängt von seiner Fähigkeit ab, die Realität so zu sehen, wie sie ist, konstruktive Lösungen zu finden und ruhig und konzentriert seine Entscheidungen zu treffen. Die buddhistische Methode besteht aus einer Abfolge von vier Fragen:

1. Wie sieht die Realität aus und stellt sie ein Problem dar?
2. Was ist die Ursache des Problems?
3. Was will ich erreichen?
4. Wie kann ich dieses Ziel erreichen?

Kommen wir auf unser Beispiel zurück und überlegen wir uns, wie eine mögliche Reaktion unter Einbeziehung dieser Fragen aussehen könnte. Wenn der Vorstandsvorsitzende feststellt, dass einer der Manager nicht rechtzeitig zur Sitzung erschienen ist, wird er sich nicht aufregen, ärgern oder Sorgen machen. Er wird zunächst versuchen, die Ursache für die Abwesenheit herauszufinden. Ehe er nicht weiß, warum der Manager nicht erschienen ist, macht er sich keine Gedanken darüber, welche Maßnahmen er ergreifen könnte. Erst wenn er den Grund für das Zuspätkommen kennt, überlegt er, was er erreichen will.

An dieser Stelle betrachtet der geistig geschulte Mensch die Situation aus unterschiedlichen Perspektiven. Wie wichtig ist es, dass alle rechtzeitig zu einer Sitzung erscheinen? Welche Konsequenzen ergeben sich jeweils aus den unterschiedlichen Maßnahmen, die er ergreifen könnte? Wie stellt sich die Situation aus Sicht der fehlenden Person und der übrigen Anwesenden dar? Könnte es einen annehmbaren Grund für das unentschuldigte Zuspätkommen geben? Wäre die Verspätung zu entschuldigen, wenn der betreffende Manager gerade mit einem der wichtigsten Kunden des Unternehmens über einen bedeutenden Vertrag spricht?

Wenn der Vorstandsvorsitzende zu dem Schluss kommt, dass das verspätete Erscheinen bei einer wichtigen Sitzung in der Tat ein gravierendes Problem darstellt, denkt er darüber nach, wie er das Verhalten von Mitarbeitern ändern kann, die häufiger zu spät kommen. Was also kann der Vorstandsvorsitzende tun? Wenn der fehlende Manager eintrifft, kann er die bisherige Diskussion zusammenfassen und dabei noch einmal unterstreichen, dass es sich um wichtige Inhalte handelt, die alle betreffen. Er wird dem verspäteten Manager gegenüber jedoch keinen Ärger zum Ausdruck bringen, denn als geistig geschulter Mensch weiß er, dass Ärger nicht zur Lösung des Problems beiträgt. Wenn er der Ansicht ist, dass es sich um ein schwerwiegendes Problem handelt, dann spricht er dies entweder unter vier Augen mit der betreffenden

Person oder in einer anderen Sitzung an, in der er die Ergebnisse seiner Überlegungen präsentiert.

Wir sind zutiefst überzeugt, dass Sie bessere Entscheidungen treffen, wenn Sie zwischen Gefühlen, Wahrnehmungen und Bewusstsein unterscheiden. Dies ist ein Beispiel für die Entfaltung der Achtsamkeit.

Wenn ein Unternehmen Führungskräfte mit den in diesem Buch beschriebenen Qualitäten auswählt, dann vertraut es Menschen, die das Wohl des gesamten Unternehmens über alles andere stellen. Doch viele Manager in der heutigen Wirtschaftswelt denken anders. Einige handeln sogar im genau entgegengesetzten Sinne: Sie sind der Ansicht, sie müssten Abstand zu ihren Mitarbeitern halten und möglichst clever und herzlos sein, um harte Entscheidungen zu treffen. Stattdessen sollten sich Führungskräfte auf die Aufgabe konzentrieren, Mitarbeiter, Kunden und Aktionäre zufriedenzustellen. Dies lässt sich auf vielen verschiedenen Wegen erreichen, unter anderem durch Geld, aber auch über einen guten Ruf und ein großes Maß an Motivation innerhalb des Unternehmens. Führungskräfte mit den in diesem Buch beschriebenen Eigenschaften sind in der Lage, diese Ziele zu erreichen, wenn sie ein klares Leitbild haben und mit Weisheit handeln.

Kontinuität der Führung

Angesichts der entscheidenden Rolle, die ein Topmanager in einem Unternehmen spielt, ist es umso wichtiger, die richtige Person für diese Aufgabe zu finden. Die Verantwortung hierfür liegt beim Aufsichtsrat. Bei der Suche nach einem Nachfolger für den scheidenden Vorstandsvorsitzenden ist die beste Wahl oft jemand, der bereits für das Unternehmen tätig ist. Diese Person ist dem Aufsichtsrat, den Mitarbeitern und anderen Stakeholdern bereits bekannt. Unternehmen haben die Aufgabe, ein System der Nachfolgeplanung einzurichten, das Führungskräfte mit dem Potenzial zu höheren Aufgaben erkennt und ihre Kompetenzen und Fähigkeiten systematisch aufbaut.

Leider verfügen die meisten Unternehmen über kein solches System. Warum? Oft fehlt es an Mut. Mitglieder des Aufsichtsrates fühlen sich unwohl, wenn sie mit dem derzeitigen Vorstandschef darüber sprechen sollen, wer seine Nachfolge antreten könnte, wenn er (oder sie) das Unternehmen verlässt. Die meisten Vorstandsvorsitzenden lieben ihre Arbeit, und wenn es nach ihnen ginge, würden sie nie abtreten. Deshalb zeigen sie vermutlich nur ein laues Interesse an der Regelung ihrer Nachfolge.

Vorstandsvorsitzende, die von außen ins Unternehmen geholt werden, stellen ein sehr viel größeres Risiko dar und verlangen möglicherweise sehr viel höhere Gehälter als Mitarbeiter, die innerhalb des Unternehmens auf diese Position befördert werden. Dabei sollte der Faktor Geld nicht unterschätzt werden. Angehörige des Unternehmens würden oft viel dafür geben, um die Stelle des Vorstandsvorsitzenden zu bekommen, selbst wenn es nur eine geringfügige Aufstockung ihrer bisherigen Bezüge bedeutet. Manager, die von außen geholt werden, kosten möglicherweise das Doppelte. Doch damit steigt nicht nur das Gehalt des Vorstandsvorsitzenden, sondern die Gehälter der übrigen Topmanager ziehen in der Regel nach, sodass die Neueinstellung das Unternehmen sehr viel mehr kostet als nur das zusätzliche Gehalt für den Vorstandschef. Natürlich kann auch ein Unternehmen mit einer Nachfolgeplanung sich dafür entscheiden, einen Vorstandsvorsitzenden von

außen ins Unternehmen zu holen, wenn keiner der eigenen Kandidaten geeignet ist. Unter bestimmten Umständen kann es auch nützlich sein, »frisches Blut« ins Unternehmen zu holen, vor allem wenn Veränderungen anstehen.

Die Wahl eines kompetenten Nachfolgers für die Spitze eines Unternehmens ist eine der wichtigsten Entscheidungen, die ein Aufsichtsrat zu treffen hat. In diesem Kapitel haben wir die Eigenschaften einer guten Führungskraft beschrieben. Wir haben auch gezeigt, dass diese Eigenschaften entwickelt werden können, weshalb sie Teil des Förderprogramms für potenzielle Topmanager sein sollten.

Bei der Arbeit an diesem Buch habe ich gelernt, wie komplex die Rolle eines Unternehmensführers ist. Umso überzeugter bin ich, dass Führungskräfte eine ganzheitliche Sichtweise des Unternehmens benötigen. In der Vergangenheit mag es ausgereicht haben, wenn sich ein Chef darauf konzentrierte, die Mitarbeiter seines Unternehmens zu führen. Dies genügt längst nicht mehr. Ein Unternehmensführer muss mit Regierungen, Nichtregierungsorganisationen, Kunden und Aktionären umgehen können. Um diesen Kontakt effektiv zu gestalten, muss die Führungskraft in der Lage sein, die zum Teil sehr unterschiedlichen Denkweisen dieser verschiedenen Gruppen zu verstehen. Antagonistische Beziehungen müssen vermieden werden, weshalb Bescheidenheit in diesem Zusammenhang eine entscheidende Qualität ist. Außenstehende verstehen häufig wenig von der Unternehmenswelt und vertreten möglicherweise Auffassungen, die nicht der Wirklichkeit entsprechen. Die Aufgabe der Führungskraft besteht darin, ihnen dabei zu helfen, die Realität so zu sehen, wie sie ist. Arroganz ist dabei kontraproduktiv. Geduld und Achtung für den anderen sind unabdingbar. Diejenigen, die einen neuen Vorstandsvorsitzenden wählen, sollten bedenken, dass diese Person dafür verantwortlich ist, dem Unternehmen ein starkes und warmes Herz zu geben. Kann er oder sie das?

Meine eigene Nachfolge ist ein Thema, das mich sehr beschäftigt. Die Frage ist kompliziert, denn eine definitive und endgültige Lösung lässt sich nur finden, wenn die chinesische Regierung Tibet den Status einer tatsächlich autonomen Region innerhalb Chinas einräumt, was die einzige und beste Lösung für China und die Tibeter wäre. Ich bin bei ausgezeichneter Gesundheit und hoffe, dass diese Regelung noch zu meinen Lebzeiten getroffen werden kann. Doch als verantwortlicher Führer muss ich mich auch auf den Fall vorbereiten, dass dies erst nach meinem Tod geschieht. Die Rechte Anschauung ist die Vergänglichkeit: Es ist unvermeidlich, dass die chinesische Regierung ihre Haltung früher oder später ändert. Doch obwohl die chinesische Regierung die Einschränkungen der Religionsfreiheit seit den achtziger Jahren des vergangenen Jahrhunderts schrittweise gelockert hat, ist es unmöglich abzusehen, wann sie ihre Haltung zur Tibetfrage ändern wird.

In dieser Situation erfordert Rechtes Handeln Geduld und Geschick. Deshalb habe ich beschlossen, zusammen mit den tibetischen Führern meine Nachfolge zu erörtern, für den Fall, dass die chinesische Regierung ihre Haltung zu spät ändert. Wir werden die fähigste Frau oder den fähigsten Mann auswählen, die oder der die volle Unterstützung des tibetischen Volkes und der geistlichen Führer des tibetischen Buddhismus hat, um die Kontinuität der Führung nach meinem Tod zu erhalten. Dies ist meine Pflicht.

Kapitel 5

GEWINN, ARBEITSPLÄTZE – ODER GLÜCK?

Jede Organisation ist mehr und zugleich weniger als die Summe ihrer Angehörigen. Sie ist weniger, denn ihre Angehörigen widmen der Organisation nur einen Teil ihrer Zeit. Und sie ist mehr, denn eine Organisation kann vieles erreichen, was Einzelpersonen nicht vermögen.

Als ich vor einiger Zeit mit dem Auto vom Bahnhof in Pathankot nach Dharamsala fuhr, wo ich wohne, mussten wir anhalten, weil Arbeiter einen Baum fällten, der auf die Straße zu stürzen drohte. Als der Baum am Boden lag, begannen zwei dünne alte Männer, ihn in Stücke zu sägen, um ihn von der Fahrbahn räumen zu können. Wie Sie sich vorstellen können, wurde die Schlange der wartenden Fahrzeuge zu beiden Seiten des Baumes immer länger. Viele stiegen aus, um dabei zuzusehen, wie sich die beiden Männer mit ihrer Säge abmühten. Ich würde schätzen, dass mehr als einhundert Zuschauer die Männern bei der Arbeit beobachteten. Dann jedoch trat einer der Zuschauer aus der Menge heraus und lud mit einer Armbewegung die Übrigen ein, ihm zu folgen und den Baum aus dem Weg zu räumen. In weniger als fünf Minuten hatten zwanzig Männer den Baum von der Straße geschafft und damit das Verkehrshindernis beseitigt.

Dies ist ein einfaches Beispiel dafür, was Menschen erreichen können, wenn sie zusammenarbeiten. Ich dachte mir ebenfalls: Wenn niemand die Initiative ergriffen hätte, um den Baum in gemeinschaftlichem Einsatz von der Straße zu entfernen, dann hätten wir zwei Stunden oder mehr warten müssen, ehe wir hätten weiterfahren können. Die Menschen, die den Baum zur Seite räumten, waren kein Unternehmen, sie waren nicht einmal organisiert, doch sie hatten ein gemeinsames Interesse, und ein spontaner Anführer ergriff die Initiative, um das Problem zu lösen.

Wenn es zu den Aufgaben der Führungskraft gehört, ein Leitbild vorzugeben und Vertrauen in die Ziele und Werte des Unternehmens zu schaffen, wie wir in Kapitel 4 beschrieben haben – welche Aufgabe hat dann das Unternehmen? Besteht der Sinn des Unternehmertums darin, Gewinne zu erzielen und das Aktionärsvermögen zu mehren, oder steht mehr auf dem Spiel? Natürlich werden Unternehmensführer erklären, dass der Gewinn oberste Priorität hat, da das Unternehmen andernfalls nicht überlebt. Das stimmt natürlich, doch Führungspersönlichkeiten mit Weitblick erkennen, dass Unternehmen neben dem Gewinn auch noch andere lohnenswerte Ziele erreichen können.

Im Jahr 1977 schrieb Peter Drucker:

> Ein Unternehmen lässt sich nicht über Gewinne definieren oder erklären. Auf die Frage, was ein Unternehmen ist, wird der typische Unternehmer vermutlich antworten: »Eine Organisation,

die Gewinne erwirtschaftet.« Der typische Wirtschaftswissenschaftler wird eine ähnliche Antwort geben. Diese Antwort ist nicht nur falsch, sie ist schlichtweg irrelevant. Genauer gesagt ist das gesamte Konzept der Gewinnmaximierung bedeutungslos. Rentabilität ist nicht der Zweck eines Unternehmens, sondern ein Hindernis. Gewinn ist nicht die Erklärung, die Ursache oder die logische Grundlage für unternehmerische Entscheidungen, sondern eine Überprüfung ihrer Richtigkeit. Der Zweck eines Unternehmens liegt außerhalb seiner selbst. Genauer gesagt muss er in der Gesellschaft liegen, da ein Unternehmen eine gesellschaftliche Einrichtung ist.

Der buddhistische Unternehmer Dhaldol Bumag, Vorstandsvorsitzender von AIG-Thailand, bietet eine weitere Erklärung für die Rolle von Unternehmen:

Für mich besteht der Zweck eines Unternehmens darin, ein Team erfolgreicher Menschen mit großartiger Moral, guter Einstellung und großem Vertrauen zusammenzustellen. Eine Verkaufsmannschaft zusammenzustellen heißt, den einzelnen Mitarbeitern beizubringen, zum Nutzen der anderen zu arbeiten. Gewinne sind nur ein Endergebnis, nicht der Zweck eines Unternehmens.

Und der Buddhismusforscher P. A. Payutto erklärt:

Aus buddhistischer Sicht sollte wirtschaftliche Tätigkeit ein Mittel zu einem guten und edlen Leben sein. Produktion, Konsum und andere wirtschaftliche Aktivitäten sind kein Selbstzweck, sondern Mittel, die zum Wohl des Einzelnen, der Gesellschaft und der Umwelt eingesetzt werden.[21]

Buddhismus und Gewinn

Die buddhistische Tradition nimmt eine eindeutige Haltung zum Gewinn ein. Gewinn ist ein ehrenwertes Ziel, solange er mit ehrlichen Mitteln geschaffen wird. Die Aussage, dass die Aufgabe eines Unternehmens darin besteht, Gewinn zu erzielen, ist ungefähr genauso sinnvoll wie die Aussage, dass die Aufgabe eines Menschen darin besteht zu essen oder zu atmen. Wenn ein Unternehmen Verlust macht, stirbt es, genau wie ein Mensch, der nichts mehr isst. Das bedeutet aber nicht, dass der Sinn des Lebens im Essen besteht.

Ich fände es sinnvoll, wenn Unternehmen ihre Aufgabe als »Gewinnung und Befriedigung von Kunden« definierten und auf dem Weg dorthin verantwortlich handelten, statt sich auf die Maximierung des Aktionärsvermögens zu beschränken. Zu verantwortlichem Handeln gehört auch, einen gesunden Gewinn zu erzielen und zufriedenstellende Zuwächse des Aktionärsvermögens zu erwirtschaften. Wird der Gewinn dagegen das wichtigste Ziel, können Verhältnisse entstehen, die zu Gesetzesbruch führen und vielen Menschen unnötiges Leid verursachen.

Natürlich wollen die Mitarbeiter nicht für ein Unternehmen arbeiten, das rote Zahlen schreibt, denn dies stellt eine Gefahr für ihre Arbeitsplätze dar. Doch sie wollen für ein Unternehmen arbeiten, auf das sie stolz sein können, ein Unternehmen, das einen guten Ruf als Hersteller von qualitativ hochwertigen und nützlichen Produkten beziehungsweise Dienstleistungen genießt. Umso wichtiger ist es, die Rolle des Unternehmens in positiver und motivierender Weise zu definieren.

Wohlstand schaffen

Wohlstand ist für ein Unternehmen selbstverständlich wichtig und kann vor allem viel Gutes bewirken. Wohlstand ist das Ergebnis der Arbeit, und Arbeit genießt im Buddhismus einen hohen Stellenwert. Die erste Aufgabe eines Menschen besteht darin, sich um sich selbst zu kümmern, die nächste, anderen zu helfen. Im Leben geht es darum, mit guten Absichten zu handeln. Arbeit bietet ausgezeichnete Möglichkeiten zu handeln, da die Ergebnisse einem selbst und anderen Nutzen bringen.

Der falsche Gebrauch des Wohlstandes

Wohlstand kann auch falsch verwendet werden. Er kann zu schädlichen Zwecken wie beispielsweise der Korruption eingesetzt werden. Das Anhäufen von Reichtümern gilt im Buddhismus als falsche Nutzung des Wohlstandes. Die folgende Geschichte liefert ein gutes Beispiel dafür.[22]

Einmal erhielt der Buddha Besuch von Pasenadi, dem König von Kosala. Der König berichtete, ein wohlhabender Mann, der kürzlich verstorben sei, habe kein Testament hinterlassen, um die Verteilung seines Erbes zu regeln. Daher habe der König angeordnet, die Besitztümer in seinen Palast zu bringen. Riesige Mengen von Gold und Silber kamen im Palast an. Doch der Verstorbene hatte sich stets ärmlich gekleidet und nur Haferschleim gegessen. Da der Mann seinen Wohlstand nicht angemessen genutzt hatte, weder für sich noch für seine Eltern, Kinder, Arbeiter oder Freunde, würde der Besitz nun vom König eingezogen oder an die Erben verteilt werden, für die der Mann so wenig Wertschätzung gezeigt hatte.

Der Buddha bestätigte, dass dies der natürliche Gang der Dinge sei. Hätte der Mann dagegen seinen Wohlstand richtig genutzt, wäre er selbst glücklicher gewesen; er hätte andere glücklicher gemacht und durch seine großzügigen Taten und Spenden ein positives Andenken hinterlassen. Seine Reichtümer wären nicht verschwendet gewesen. Sowohl die Vergeudung als auch die Anhäufung von Reichtümern sind deshalb zu verurteilen.

Im Buddhismus spielt der Tod eine bedeutende Rolle. Es ist wichtig, den Tod als unausweichliche Tatsache anzuerkennen, und wünschenswert, am Ende des Lebens zufrieden zu sein mit dem, was man getan hat. Der Mann aus der obigen Geschichte starb mit Sicherheit allein, ohne andere Menschen an seiner Seite, und er litt, weil er seine Reichtümer zurücklassen musste.

Der richtige Erwerb des Wohlstands

Buddha lehrte, dass der richtige Erwerb des Wohlstands genauso wichtig ist wie sein angemessener Gebrauch. Dies verdeutlicht das folgende Zitat Buddhas:

> Diejenigen Menschen sind gut und rühmenswert, die Wohlstand auf rechtmäßige Weise erwerben und ihn verwenden, um für sich und andere Wohl und Glück zu schaffen.

Ein Gleichnis, das Buddha zugeschrieben wird, führt dies weiter aus:

Mönche, es gibt drei Gruppen von Menschen in der Welt. Welche sind diese drei? Es sind die Blinden, die Einäugigen und die Zweiäugigen.

Wer sind die Blinden? Es gibt Menschen, die nicht die Fähigkeit besitzen zu sehen, wie Wohlstand erworben oder bestehender Wohlstand vermehrt werden kann. Außerdem besitzen sie nicht die Fähigkeit zu sehen, welche Handlungen zu Heil und welche zu Unheil führen, was tadelnswert und was untadelig, was gemein und was edel und was gut und was schlecht ist. Diese Menschen nenne ich blind.

Wer sind die Einäugigen? Diese Menschen besitzen zwar die Fähigkeit zu sehen, wie Wohlstand erworben oder bestehender Wohlstand vermehrt werden kann. Doch ansonsten sind sie wie die Blinden. Diese Menschen nenne ich einäugig.

Wer sind die Zweiäugigen? Diese Menschen besitzen die Fähigkeit zu sehen, wie Wohlstand erworben und wie er genutzt werden kann. Und sie besitzen die Fähigkeit zu sehen, welche Handlungen zu Heil und welche zu Unheil führen, was tadelnswert und was untadelig, was gemein und was edel und was gut und was schlecht ist. Diese Menschen nenne ich zweiäugig.

Der Blinde leidet aus zwei Gründen: Er besitzt keinen Wohlstand, und er tut nichts Gutes.

Der Einäugige strebt nach Reichtum, gleichgültig, ob er richtig oder falsch handelt. Er häuft seinen Reichtum durch Diebstahl, Lug und Trug an. Er missbraucht seine Fähigkeit, Reichtum zu erwerben, um sich sinnlichen Freuden hinzugeben. Der Einäugige leidet je nach seinen Taten.

Der Zweiäugige ist ein guter Mensch, der seinen Wohlstand in gewissenhafter Arbeit erwirbt und einen Teil davon an andere abgibt. Sein Denken ist edel, sein Geist fest, und er ist frei von Leid. Meide die Blinden und Einäugigen und suche die Zweiäugigen.[23]

Dieses Gleichnis ist für Unternehmer besonders relevant. Führungskräfte müssen die Fähigkeit besitzen zu sehen, wie sie erfolgreich Wohlstand schaffen können, und sie müssen wissen, welche Maßnahmen sie ergreifen müssen, um diese Erkenntnis umzusetzen. Dabei ist auch notwendig, dass sie wissen, welche Handlung falsch oder unehrenwert ist, und sie müssen zwischen guten und schlechten Handlungen unterscheiden können. Schließlich geben gute Unternehmer einen Teil ihrer Gewinne an andere weiter. Das Teilen mit anderen ist ein wesentlicher Aspekt der buddhistischen Sicht des Wohlstands. Indirekt erklärt das Gleichnis auch, dass gute Unternehmer glücklich sind: »Er ist frei von Leid.«

Der Satz »der Einäugige (…) missbraucht seine Fähigkeit, Reichtum zu erwerben, um sich sinnlichen Freuden hinzugeben« ist ohne nähere Erläuterung leicht missverständlich. Der Begriff »sinnliche Freuden« hat in buddhistischen Texten zwei Bedeutungen, eine positive und eine negative. Zum Beispiel ist nichts gegen den Genuss eines leckeren Essens einzuwenden. Das Gleichnis zielt jedoch auf Menschen, die nicht genießen können und die Gefahr laufen, nach gutem Essen süchtig zu werden, zu viel zu essen und fettleibig zu werden. Es sind Menschen, die nicht mehr mit einer einfachen, aber gesunden Mahlzeit zufrieden sind. Es gibt zahlreiche ähnliche Süchte, etwa Spielsucht, übermäßiger Alkoholgenuss und so weiter.

Die Aussage »der Einäugige leidet je nach seinen Taten« bezieht sich auf die buddhistische Vorstellung, dass ein Mensch leidet, wenn er falsch handelt. Im Westen ist die Ansicht verbreitet, man könne Schlechtes tun und sich damit ein Leben in Luxus und Glück ermöglichen. Buddhisten sind dagegen der Auffassung, dass unsere schlechten Taten uns früher oder später einholen werden. Keine dieser beiden Überzeugungen ist wissenschaftlich belegt. Ich persönlich bin jedoch der Ansicht, dass Unternehmer, die ihren Wohlstand auf ehrliche Weise erwerben und einen Teil an andere Menschen weitergeben, glücklicher sind als solche, die durch Betrug reich werden oder sich verhalten wie der Einäugige.

Der Rechte Gebrauch des Wohlstands

Buddha stellt dieselben Gedanken außerdem noch in Form einer »Checkliste« zusammen. Mithilfe von acht Fragen können Führungskräfte überprüfen, ob sie ihren Wohlstand richtig gebrauchen. Die »richtigen« Antworten finden Sie nach jeder Frage in Klammern zugefügt.

- Haben Sie Ihren Wohlstand auf rechtmäßige Weise erworben? (*Ja*)
- Hat Ihr Wohlstand nur Sie glücklich gemacht? (*Nein, auch andere*)
- Hat Ihr Wohlstand auch andere glücklich gemacht? (*Ja*)
- Haben Sie Ihren Wohlstand mit anderen geteilt? (*Ja*)
- Haben Sie mit Ihrem Wohlstand Gutes getan? (*Ja*)

Gutes tun heißt beispielsweise, andere glücklich zu machen oder Leid zu lindern.

- Hängen Sie an Ihrem Wohlstand oder sind Sie in ihn verliebt? (*Nein*)

Wenn jemand »am Wohlstand hängt«, heißt das, dass er geizig und gemein geworden ist. »In seinen Wohlstand verliebt«

zu sein bedeutet zu denken, aufgrund des Reichtums sei man wichtig, habe Respekt verdient und habe in allem Recht.

❖ Achten Sie auf die Gefahren des Wohlstandes? (*Ja*)

Die Vorstellung der Achtsamkeit spielt – wie Sie inzwischen ja wissen – im Buddhismus eine wichtige Rolle. Das bedeutet, dass sich jemand bewusst ist, was in seinem Geist vor sich geht. Er erkennt, wenn er sich in seinen Wohlstand verliebt oder wenn er geizig und gemein wird, und hält diesen Prozess auf.

❖ Sind Sie im Besitz der Erkenntnis, die zu spiritueller Freiheit führt? (*Ja*)

Die »Erkenntnis, die zu spiritueller Freiheit führt« meint das Verständnis, dass das Vermögen größer oder kleiner werden kann aus Gründen, auf die der Einzelne keinerlei Einfluss hat. Es ist völlig in Ordnung, sich zu freuen, wenn unser Vermögen wächst, doch es wäre falsch, unglücklich zu werden, wenn es schwindet. Wer zu sehr an seinem Wohlstand hängt, verliert seine spirituelle Freiheit und macht sich Sorgen um alles, das sein Vermögen verringern könnte.

Unternehmer und Führungskräfte können sich anhand dieser Liste selbst einschätzen. Das höchste Niveau erreichen Menschen, die ihren Wohlstand mit rechtmäßigen Mitteln erwerben und ihn verwenden, um sich und andere glücklich zu machen. Sie teilen ihren Wohlstand und tun Gutes damit, doch sie hängen nicht an ihm oder sind gar in ihn verliebt, sondern achten auf die Gefahren des Wohlstandes und besitzen die Erkenntnis, die zu spiritueller Freiheit führt.

Buddha verlangte von niemandem, in Armut zu leben. In

seiner Jugend war er der Ansicht, er könne glücklich werden, indem er sich in einen Wald zurückzog und sich dort beinahe zu Tode hungerte. Er stellte jedoch fest, dass dies nicht der Fall war, und kam zu dem Schluss, dass dies nicht der richtige Weg sein konnte. Aus diesem Grund riet er Mönchen und Nonnen, ein einfaches, aber angenehmes Leben zu führen. Er erkannte die Armut als Ursache für unmoralisches Verhalten und Verbrechen. Buddha war der Ansicht, Verbrechen ließe sich durch eine Verbesserung der wirtschaftlichen Situation der Menschen am effektivsten bekämpfen. Deshalb forderte er, Bauern kostenlos mit Saatgut und landwirtschaftlichen Geräten auszustatten. In einer Krise sollten Händler und Unternehmer Kredite erhalten. Den Arbeitnehmern sollten angemessene Löhne gezahlt werden. Wenn die Menschen versorgt sind und eine auskömmliche Bezahlung erhalten, können sie zufrieden und sorgenfrei leben, und das Land ist friedlich und frei von Verbrechen.[24]

Ein lebender Organismus

Peter Senge, Experte für Organisationsentwicklung, nennt einen weiteren Grund, warum man ein Unternehmen nicht als Gewinnerzeugungsmaschine verstehen kann. Eine Maschine nutzt sich ab, während sich ein Unternehmen erneuert. Wenn es veraltet, dann aufgrund schlechter Leistungen seiner Mitarbeiter oder der Bedingungen des Marktes.[25] Eine Maschine lässt sich nicht motivieren, sie kann nur das tun, was ihr einprogrammiert wurde. Die Angehörigen eines

Unternehmens müssen dagegen motiviert werden, um die Ziele des Unternehmens zu erreichen. Eine Maschine besitzt weder Bewusstsein noch Gewissen, doch ein Unternehmen kann sehr wohl über ein gemeinsames Bewusstsein und Gewissen verfügen. Deshalb ist es sehr viel sinnvoller, ein Unternehmen als lebenden Organismus zu betrachten und nicht als Maschine.

Arie de Geus, Managementberater und Experte für Organisationsentwicklung, führt aus:

> Unternehmen weisen bestimmte Verhaltensweisen und Eigenschaften von lebenden Organismen auf. Unternehmen lernen. Unternehmen haben explizit oder implizit eine Identität, die ihren Zusammenhalt bestimmt. Unternehmen stellen Beziehungen zu anderen Organismen her, und Unternehmen wachsen und entwickeln sich, bis sie sterben ... Wie jedes andere Lebewesen hat das lebendige Unternehmen vor allem den Zweck, für sein Überleben und seine Entwicklung zu sorgen: sein Potenzial auszuschöpfen und so gut zu werden wie möglich.[26]

Es ist eine interessante Frage, ob ein Unternehmen ein Gewissen hat und weiß, was richtig beziehungsweise falsch ist. Menschen haben ein Gewissen, doch das Gefühl für Richtig und Falsch unterscheidet sich von Mensch zu Mensch erheblich. Dasselbe trifft auch auf Unternehmen zu, doch hier ist die Lage etwas komplizierter. Dem Geflecht von einzelnen Gewissen, die im Unternehmen vereint sind, gehören Menschen mit unterschiedlichen Vorstellungen von Richtig und Falsch an. Die Erfahrung zeigt außerdem, dass Menschen im Unternehmen Dinge tun, die sie im Privatleben nicht tun würden. Das zeigt, dass das Unternehmen als Ganzes einen Einfluss auf das Gewissen seiner Angehörigen hat. Dieser Einfluss kann dafür sorgen, dass Menschen besser oder schlechter handeln, als sie allein handeln würden. Leider kann der Einfluss der Unternehmenswelt auf die moralischen Auffassungen des Einzelnen sehr negativ sein, vor allem wenn Vorgesetzte ihre Mitarbeiter unter Druck setzen, Gewinne zu erzielen, ohne dabei zu betonen, wie wichtig es ist, dass diese Gewinne mit ehrlichen Mitteln und nach den Prinzipien der Rechten Anschauung und des Rechten Handelns erzielt werden müssen.

Ein Mensch hat einen physischen Körper mit einem Gehirn, Bewusstsein und Gewissen. Ein Unternehmen ist kein derart ganzheitliches System. Büros, Ausstattung, Maschinen, Inventar, Verkaufsstellen, Computer und so weiter spielen nicht zusammen wie ein Körper. Sie verfügen nicht über Sinnesorgane, die mit einem Gehirn in Kontakt stehen. Die physische Ausstattung hat nur einen Wert in ihrer Beziehung zu den Menschen, die sie bedienen, und dann auch nur insoweit diese Menschen in einem Netzwerk aus Mitarbeitern, Kunden und Zulieferern untereinander in Beziehung stehen.

Trotzdem ist der Unterschied nicht so groß, wie man meinen könnte. Was ist ein Mensch ohne ein Netzwerk aus Familie, Freunden und Bekannten? Ein Mensch »existiert« nur wirklich durch die Beziehung mit anderen. Auch ein Unternehmen besteht aus einem unsichtbaren Beziehungsgeflecht zwischen Menschen. Der wahre Wert eines Unternehmens gründet nicht in der Summe seiner Produktionsstätten, seiner Mitarbeiter und seines Geldvermögens. Der wahre Wert eines Unternehmens besteht vielmehr in den Beziehungen der Menschen innerhalb und zu den Stakeholdern außerhalb des Unternehmens.

Wirtschaft und Glück

Unternehmen gelten in der Regel nicht als Glücksproduzenten. Ein Vorstandsvorsitzender, der das Glück der Menschen zum Unternehmensziel erklärt, riskiert, sich der Lächerlichkeit preiszugeben.

Als ich mit der Arbeit an diesem Projekt begann, war ich mir nicht sicher, ob Unternehmen willens und in der Lage wären, sich die Schaffung von Glück zum Ziel zu machen. Inzwischen halte ich dies für eine realistische Möglichkeit, vor allem dann, wenn wir Glück als »Lebenszufriedenheit« verstehen.

Ich bin überzeugt, dass der Wunsch nach Glück und einem Leben ohne Leid universell und unter allen Menschen verbreitet ist. Oberflächlich betrachtet mag es viele Unterschiede geben. Jede Kultur hat ihre eigenen Gepflogenheiten und Traditionen. Was in einem Land normal ist, kann in einem anderen als anstößig gelten. Doch niemand will arm sein, ausreichende Unterkunft und Ernährung entbehren, kein Geld haben, um die Kinder zur Schule schicken zu können, ohne Freunde leben, auf die Anerkennung durch andere Menschen verzichten müssen, oder nicht die Freiheit haben, seine Meinung zu äußern. Die überwiegende Mehrheit der Menschen aller Kulturen stimmt mit den Zielen überein, die in der Allgemeinen Erklärung der Menschenrechte der Vereinten Nationen formuliert werden. Dort heißt es unter anderem: »Jeder hat das Recht auf Leben, Freiheit und Sicherheit der Person.« Und: »Alle Menschen sind frei und gleich an Würde und Rechten geboren. Sie sind mit Vernunft und Gewissen begabt und sollen einander im Geiste der Brüderlichkeit begegnen.«[27]

Wenn die Rolle anerkannt wird, die jeder Einzelne innerhalb des Unternehmens bei der Umsetzung der Leitbilder spielt – besser noch: wenn der Beitrag jedes Einzelnen regelmäßig gefeiert wird –, finden Mitarbeiter größeren Sinn in ihrer Arbeit, in ihrem Unternehmen und in ihrem Leben.

Führungskräfte haben großen Einfluss auf das Wohl ihrer Mitarbeiter, und das nicht nur, weil sie einen Arbeitsplatz bieten und Lohn zahlen. Viele Befragungen zur Mitarbeiterzufriedenheit kommen zu dem Schluss, dass *Vertrauen* einer der zentralen Faktoren ist. Mitarbeiter wollen das Gefühl haben, dass das Management zu ihnen steht und dass sie umgekehrt dem Management vertrauen können. Dazu gehört auch, dass sich Mitarbeiter ausreichende Freiräume wünschen, um ihre Arbeit gut verrichten zu können. Wenn sie nicht die notwendige Handlungsfreiheit erhalten und jede ihrer Verrichtungen kontrolliert wird, werden Mitarbeiter rasch unzufrieden. Sie nehmen diese Kontrolle als Mangel an Vertrauen und Respekt wahr.

Führungskräfte können die Zufriedenheit ihrer Mitarbeiter unter anderem dadurch steigern, dass sie ihnen mit Respekt begegnen und in Aus- und Weiterbildung investieren. Mitarbeiter wissen es zu schätzen, wenn sie die nötigen Fertigkeiten für ihre Arbeit erwerben können. Doch das Interesse des Arbeitgebers wirkt sich darüber hinaus auch positiv auf ihr Stressniveau und ihre Gesundheit aus. Mitarbeiter haben außerdem Spaß an gemeinsamen Freizeitaktivitäten der Gruppe – solche Unternehmungen werden in Befragungen zur Mitarbeiterzufriedenheit in der Regel sehr positiv bewertet. Schließlich wollen Mitarbeiter darüber informiert werden, wie das Unternehmen als Ganzes dasteht und wie sich die Zukunft darstellt. Gute Nachrichten machen die Belegschaft stolz, und schlechte Nachrichten können, wenn sie offen vermittelt werden, neue Kooperationsbereitschaft zur Lösung des Problems wecken.

Da Arbeitslosigkeit oft Leid in Form von Hunger, Armut und Prestigeverlust bedeutet, besteht die Hoffnung, dass Führungskräfte diese Konsequenzen bedenken und nicht nur im Interesse der Aktionäre handeln. Arbeitsplätze schaffen Einkommen, und Einkommen bedeutet Freiheit: die Freiheit, für Ernährung, Unterkunft, Gesundheit und Bildung zahlen zu können. Arbeit schafft außerdem Selbstachtung und eröffnet die Möglichkeit, sich materiell und spirituell zu entfalten. Menschen die Mittel zur Befriedigung dieser Grundbedürfnisse zu nehmen kann großes Unglück bedeuten.

Die Maslowsche Bedürfnispyramide

Der Psychologe Abraham Maslow entwickelte ein Modell, nach dem Glück auf der Befriedigung unterschiedlicher Bedürfnisse beruht, und das besagt, dass einige grundlegende Bedürfnisse befriedigt sein müssen, ehe andere berücksichtigt werden können.[28] Dieses Modell wird als »Bedürfnishierarchie« bezeichnet und in Form einer fünfstöckigen Pyramide dargestellt.

Maslow war der Auffassung, dass zunächst die Bedürfnisse der jeweils niedrigeren Stufen befriedigt werden müssten, ehe wir die nächste Stufe erklimmen können. Die Grundbedürfnisse nach Ernährung und Unterkunft gehören in die unterste Kategorie, und das Einkommen spielt eine wichtige Rolle bei ihrer Befriedigung. Menschen mit geringen Einkommen haben oft nur die Möglichkeit, sich um die Befriedigung ihrer körperlichen Grundbedürfnis-

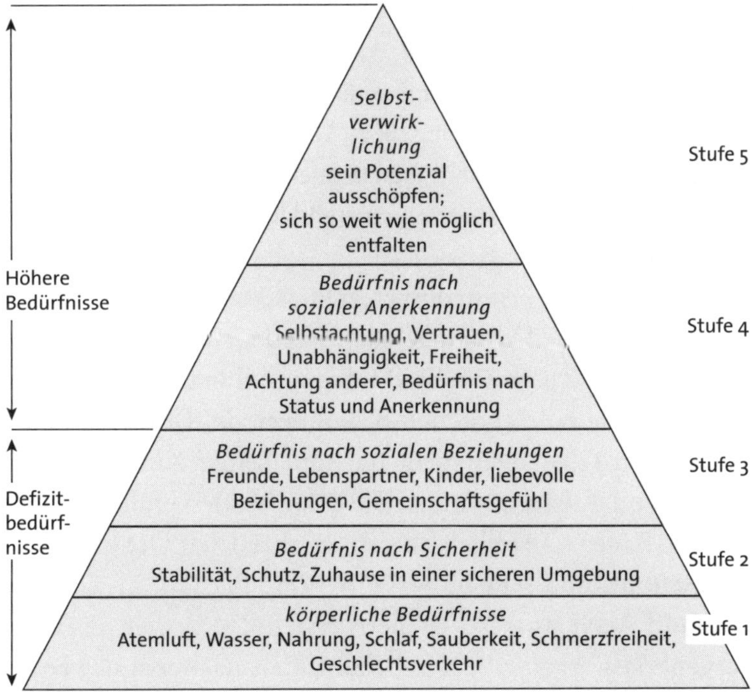

se zu kümmern, und sind zumeist mit jeder Arbeit zufrieden, die Nahrung, Unterkunft und so weiter sicherstellt. Wenn diese Bedürfnisse befriedigt sind, geben sich die Menschen nicht mehr mit jeder beliebigen Arbeit zufrieden: Sie suchen interessantere Aufgaben, um ihre höheren Bedürfnisse zu stillen, bis sie schließlich zu Stufe 5, der Selbstverwirklichung, gelangen. Menschen, die diese Stufe erreichen, haben das Gefühl, dass sie ihr Talent und ihre Fähigkeiten in befriedigender Weise nutzen.

Arbeit ist auf jeder dieser Stufen wichtig. Sie schafft Einkommen zum Erwerb von Lebensmitteln auf Stufe 1 und von Sicherheit auf Stufe 2. Ein Unternehmen bietet eine Art Gemeinschaft mit per-

sönlichen Beziehungen; auch wenn nicht alle dieser Beziehungen freundschaftlicher Natur sind, knüpfen die meisten Menschen doch Freundschaften mit einigen ihrer Arbeitskollegen (Stufe 3). Ein Arbeitsplatz ist der Schlüssel zu Selbstachtung und Unabhängigkeit (Stufe 4). Viele Menschen in reichen Ländern befinden sich auf Stufe 5, auf der sie ihre Selbstverwirklichung erreichen.

Maslows Theorie erinnert mich an die Geschichte von Alavi.[29] Buddha war von Alavi eingeladen worden, um in dessen Dorf eine Lehrrede zu halten. Buddha ging kilometerweit zu Fuß und wurde herzlich von den Bewohnern des Dorfes begrüßt, doch Alavi selbst war nicht da. Eine seiner Kühe war entlaufen, und es dauerte lange, ehe er sie wiedergefunden hatte. Als der Bauer schließlich an den verabredeten Ort kam, war er erschöpft und sehr hungrig. Als Buddha sah, in welchem Zustand Alavi war, bat er die Ältesten des Dorfes, dafür zu sorgen, dass Alavi zu essen bekam. Erst nachdem der Bauer gegessen und sich ausgeruht hatte, begann Buddha mit dem Unterricht. Später erklärte er, warum: »Wenn Menschen durch Leid überwältigt sind und Schmerzen empfinden, sind sie nicht imstande, religiöse Unterweisung zu verstehen.«

Diese Geschichte ist ein Beispiel für die Hierarchie der Bedürfnisse: Zunächst müssen wir die körperlichen Grundbedürfnisse befriedigen, dann können wir höhere Stufen erreichen.

Im Maslowschen Modell basiert Glück auf der Annahme, dass die Bedürfnisse aller fünf Stufen befriedigt werden können. Der Buddhismus ist dagegen der Ansicht, dass sich diese Bedürfnisse nie vollständig befriedigen lassen. Auch für Buddhisten ist das oberste Ziel das Glück, doch im Sinne von »innerem Frieden« und nicht im Sinne der »Befriedigung sämtlicher Bedürfnisse«. Wenn wir den Geist schulen, Gedanken und Handlungen zu vermeiden, die Leid verursachen, und mit unvermeidlichen negativen Ereignissen wie dem Alter, dem Tod von Angehörigen oder dem Verlust von Vermögen umzugehen, dann können wir Glück erreichen oder Leid akzeptieren.

Maslows Theorie basiert auf der Vorstellung eines Individuums oder Ichs, dessen Bedürfnisse befriedigt werden sollen. Der Buddhismus geht dagegen davon aus, dass es so etwas wie ein unabhängiges, dauerhaftes und unveränderliches Ich nicht gibt. Das Ich setzt sich aus Beziehungen mit anderen Menschen und aus anderen Aspekten der körperlichen Umgebung zusammen. Zumindest im Westen sind die Menschen besessen vom Ich: »Das gehört mir«, »das ist eine Beleidigung für mich«, »ich verdiene nicht genug« oder »die anderen behandeln mich schlecht«. Nach buddhistischer Vorstellung müssen jedoch nicht die anderen die Bedürfnisse des Ichs befriedigen, sondern umgekehrt: Wir sind nur dann glücklich, wenn wir die Bedürfnisse anderer befriedigen.

Glück lässt sich nicht kaufen

Eine Vielzahl von wissenschaftlichen Untersuchungen aus den letzten Jahrzehnten zeigt, dass zusätzlicher Wohlstand wenig Auswirkungen auf das Glücksempfinden hat, wenn die Grundbedürfnisse Ernährung, Unterkunft und einige Grundannehmlichkeiten gedeckt sind. Mit anderen Worten: Glück lässt sich nicht mit Geld erkaufen. Statt die Maslowsche Bedürfnispyramide hinaufzusteigen, bleiben viele Menschen in den westlichen Industrienationen

auf den unteren Stufen stehen und orientieren sich immer stärker am Konsum, statt beispielsweise ihre sozialen Beziehungen zu stärken oder Aktivitäten nachzugehen, mit denen sie sich selbst verwirklichen könnten. Deshalb entgeht ihnen das Glück. Sie sind besessen von Reichtum und praktizieren ungesunden statt gesunden Konsum. Ungesunder Konsum setzt Güter und Dienstleistungen lediglich zur Befriedigung von Begierden und des Ichs ein. Gesunder Konsum dagegen trägt zu unserem Wohl bei und deckt unsere Grundbedürfnisse ab.

Ein wichtiger Faktor ist Neid. Die meisten Menschen wünschen sich denselben Lebensstandard wie andere, die ihrer Ansicht nach derselben gesellschaftlichen Gruppe angehören. Wenn sich ein Nachbar einen Flachbildfernseher anschafft, wollen sie auch einen. Wenn sie ihn sich nicht leisten können, wirkt sich dies negativ auf ihr Glücksempfinden aus. Und wenn sie ihn sich leisten können, geraten sie bald in ein anderes Dilemma: Der Wirtschaftswissenschaftler Fred Hirsch spricht von »Positionsgütern«, deren Wert sich an ihrem Status und ihrer Knappheit bemisst. Wenn jeder einen Ferrari besäße, um nur ein Beispiel zu nennen, dann hätte dieser nicht mehr denselben Wert. Deshalb ist es unmöglich, Glück im Konsum zu finden.[30]

Immer mehr Wissenschaftler beschäftigen sich mit der Frage, was Glück ist und wie es sich messen lässt, angefangen von Wirtschaftswissenschaftlern wie Richard Layard und Andrew Oswald bis zu Psychologen wie Ed Diener und Martin Seligman.[31] Beispielsweise wurden in über 40 Ländern mehr als 1700 Untersuchungen durchgeführt, um den Zusammenhang von Glück und Wohlstand zu untersuchen.[32]

Eine der bekanntesten Studien, die »World Database of Happiness«, wurde von Ruut Veenhoven von der Erasmus-Universität

Rotterdam durchgeführt.[33] Die Ergebnisse beweisen, dass Menschen, die in Armut leben, mit zunehmendem Einkommen glücklicher werden. Wenn das Einkommen jedoch über ein bestimmtes Niveau hinaus steigt, bleibt das Glücksempfinden konstant. Doch nicht nur die Höhe des Einkommens spielt eine Rolle, sondern auch die Richtung der Veränderung. Wenn das Einkommen steigt, sind wir natürlich sehr viel glücklicher, als wenn es sinkt. Jemand mit einem hohen, aber sinkenden Einkommen ist weniger glücklich als jemand mit einem niedrigen, aber ansteigenden Einkommen.

Doch Geld ist nicht der einzige Faktor. Die beiden Schweizer Wirtschaftswissenschaftler Bruno Frey und Alois Stutzer kamen zu dem wenig überraschenden Schluss, dass ein Arbeitsplatz einen wichtigen Beitrag zu unserem Glücksempfinden leistet. Auch die Gene spielen eine Rolle: Extrovertierte Menschen sind glücklicher als introvertierte. Ebenso wichtig sind Familie und Freunde, Gesundheit und die Position im Vergleich zu Verwandten und Bekannten.[34]

Nach Ansicht der Buddhisten unterscheiden sich die Menschen in ihren Anlagen, und jeder Einzelne kann sich über das, was er oder sie bei der Geburt erhalten hat, hinaus entwickeln. Ein Pessimist kann durch geistige Schulung sein Selbstvertrauen stärken und glücklicher werden. Buddha erklärte: »Der größte Schatz, den ein Mensch besitzen kann, ist sein Selbstvertrauen.« Und er sagte außerdem: »Ein Meister sollte den Arbeitern die Aufgaben nach ihren Fähigkeiten zuweisen.«In diesem Punkt kann ein Unternehmen einen wichtigen Beitrag leisten. Wenn Mitarbeiter die Ziele erreichen, die sie sich selbst stecken oder die von anderen vorgegeben werden, dann steigert dies ihr Selbstvertrauen. Unternehmen, die dies beachten, können das Selbstvertrauen und damit das

Glück ihrer Mitarbeiter steigern. Auf diese Weise wird der Pessimismus abgebaut und der Optimismus gestärkt.

Was Unternehmen tun können

Viele Unternehmen haben inzwischen erkannt, dass sie ihren Mitarbeitern mehr Gelegenheit geben müssen, sich um ihre Familie und andere Interessen zu kümmern. Neue Arbeitszeitmodelle wurden entwickelt, viele Menschen arbeiten heute in Teilzeit. Für Führungskräfte sind diese Modelle nur schwer umsetzbar. Viele Menschen akzeptieren, dass sie auf einer Teilzeitstelle weniger verdienen und im Unternehmen weniger Prestige haben, weil sie so glücklicher sind. Diese Form der beruflichen Vielfalt ist sehr begrüßenswert.

Unternehmen haben die Möglichkeit, die Arbeitszufriedenheit ihrer Belegschaft zu steigern und das Glücksbedürfnis ihrer Mitarbeiter auch darüber hinaus anzuerkennen. Welche Werte kann ein Unternehmen vertreten, welche Maßnahmen ergreifen, um seine Mitarbeiter glücklicher zu machen? Hier einige Ideen:

- Führen Sie Befragungen zur Mitarbeiterzufriedenheit durch, um herauszufinden, wie positiv oder negativ die Angestellten die Abläufe und Maßnahmen des Unternehmens und vor allem das Verhalten des Managements beurteilen. Nehmen Sie aufgrund der Ergebnisse Korrekturen vor, mit denen Sie die Moral und Arbeitszufriedenheit der Belegschaft steigern.
- Richten Sie Programme zur Weiterbildung und persönlichen Entwicklung der Mitarbeiter ein. Damit signalisieren Sie den

Mitarbeitern, dass das Unternehmen sie achtet und ihnen vertraut. Das trägt zu ihrer Zufriedenheit bei.

❖ Stellen Sie sicher, dass die Mitarbeiter jeder Hierarchieebene wissen, inwieweit sie zum Erfolg eines Unternehmens beitragen. Die Mitarbeiter sollten auch wissen, dass das Unternehmen um diesen Beitrag weiß und ihn würdigt.

❖ Tragen Sie zur Vermögensbildung aller Mitarbeiter bei, zum Beispiel durch eine Revision der Gehaltsstrukturen, durch eine Abschaffung aller unnötigen Ungleichgewichte und durch Erfolgsbeteiligungen.

❖ Formulieren Sie ein Unternehmensleitbild, an das sich alle Mitarbeiter halten. Dieses Leitbild kann beispielsweise Maßnahmen zum Umweltschutz beinhalten und auf die Einsparung von Rohstoffen abzielen. »Exportieren« Sie dieses Leitbild zu internationalen Partnern und Filialen, um Gleichheit und Wohlstand in neuen Märkten zu fördern. (In Kapitel 6 finden Sie mehr zum Thema Unternehmensverantwortung.)

❖ Bewerben Sie Produkte und Dienstleistungen mit verantwortlicher Werbung, die nicht auf eine Konsumgesellschaft zielt, sondern auch die höheren Bedürfnisse der Verbraucher anspricht. Vermeiden Sie, einen falschen Eindruck von den Produkten zu schaffen und ungesunden Konsum zu fördern.

❖ Prüfen Sie jeden Plan zum Stellenabbau gründlich. Verlust von Arbeit und Einkommen kann zu verbreitetem Unglück führen. Unternehmen Sie alle verfügbaren Schritte, um Stellenabbau zu verhindern, oder unterstützen Sie zumindest die Mitarbeiter bei der Suche eines neuen Arbeitsplatzes. Denken Sie an das kollektive Wohl.

❖ Führen Sie durch Ihr gutes Beispiel. Nutzen Sie als Führungskraft die Chance, Lebenszufriedenheit zu demonstrieren, indem

Sie einen geschulten Geist und einen ausgewogenen Lebensstil vorleben.

Wie wir in Teil 3 sehen werden, gibt es zahlreiche Möglichkeiten, durch Wissenstransfer andere Unternehmen beim Aufbau und bei der Entwicklung zu unterstützen. Auf diese Weise kann ein Unternehmen dazu beitragen, die Probleme der Armut, Ungerechtigkeit und Umweltzerstörung in aller Welt zu lösen.

Im Buddhismus ist oft die Rede davon, dass Menschen sich von ihren Begierden freimachen sollen. Mit Begierden sind Bedürfnisse gemeint, die sich nicht befriedigen lassen. Buddha sagte: »Sei zufrieden mit dem, was du hast, aber nie mit dem, was du an Gutem getan hast.« Über das Glück hinaus gibt es für uns Buddhisten nichts, denn im Buddhismus können nur solche Menschen wirkliches Glück erreichen, die tugendhaft handeln und keine negativen Gedanken und Emotionen hegen. Was wir nicht unter Glück verstehen, ist eine passives Gefühl der Ruhe.

Buddhisten erkennen, dass der Erwerb von Wohlstand eine der grundlegenden Tätigkeiten des Lebens ist. Konsum und der Aufbau von Wohlstand sind natürlich, doch wenn sie auf verfehlte Art und Weise verfolgt werden, verursachen sie Leid. Jemand, der ohne Grenzen und nur um des Konsumierens Willen konsumiert, wird kein Glück finden. Buddha empfahl, einen Teil der Gewinne aus guten Zeiten für schlechtere Zeiten auf die Seite zu legen. Wenn der Wohlstand nicht ehrlich erworben wird, geht er mit Diebstahl oder anderen Formen des Leids einher. Wenn der Wohlstand nicht zum Nutzen anderer eingesetzt wird, macht er weder den Eigentümer noch andere Menschen glücklich. Wenn Wohlstand glücklich machen soll, muss er ehrlich erworben und gut eingesetzt werden.

Ich habe bei zahllosen Gesprächen zugehört und teilgenommen, in denen es um die Frage ging, ob der einzige Sinn eines Unternehmens in der Gewinnmaximierung besteht. Für mich ist die Antwort einfach: Gewinn ist eine überlebensnotwendige Voraussetzung, doch der Sinn eines Unternehmens besteht darin, zum Wohl der Gesellschaft als Ganze beizutragen.

Kapitel 6

UNTERNEHMEN RICHTIG FÜHREN

Nach buddhistischer Überzeugung hängt der Ruf eines Unternehmens davon ab, dass es mit einem warmen und starken Herzen agiert. Ein Mensch mit warmem Herzen kümmert sich aktiv um das Wohl anderer und folgt den Prinzipien des Rechten Handelns. Richtiges Handeln ist jedoch für ein Unternehmen genauso wichtig wie für den Einzelnen – vielleicht sogar noch wichtiger, denn von den Entscheidungen eines Unternehmens sind viele Menschen betroffen.

Wie wir in Kapitel 4 gesehen haben, ist Bescheidenheit eine der wichtigsten Qualitäten einer guten Führungskraft. Glamouröse und egozentrische Vorstandsvorsitzende stellen ihre eigenen Interessen und Vorteile über ihre bürgerlichen Pflichten und über das Interesse am Wohl der Aktionäre, Mitarbeiter und Kunden. Führungskräfte, die zu schlechtem oder ungesundem Handeln neigen und beispielsweise betrügen, bringen ihr Unternehmen in Gefahr. Der Schaden, den ein schlechter Ruf anrichtet, ist nur sehr schwer wieder zu korrigieren.

Wenn ich über Unternehmensskandale lese, dann zeigt sich oft, dass eine ihrer Hauptursachen der Hunger nach Macht, Geld und Ruhm des Vorstandsvorsitzenden ist. Ihre

Gier führt zu Unehrlichkeit und Gesetzesbruch. Der Buddhismus, dessen Grundprinzipien wir in früheren Kapiteln umrissen haben, warnt vor dem Leid, das durch zügellose Wünsche und Begierden verursacht wird. Die Manager, die in diese Skandale verwickelt sind, haben die Beherrschung über ihren Geist verloren und wurden Opfer ihrer eigenen negativen Neigungen. Das ist besonders bedauerlich, da viele dieser Führungskräfte zweifelsohne sehr talentiert sind und sich und anderen ohne jeden Grund Schaden zugefügt haben.

In gewisser Hinsicht ist natürlich auch das System schuld. Nehmen wir als Beispiel die Einkommensschere. Ich empfinde es als beunruhigend, wenn Vorstände Millionen von Euro mit nach Hause nehmen, während Teile der Belegschaft nicht genug verdienen, um einen anständigen Lebensstandard halten zu können. Ich kann es akzeptieren, dass Menschen mit großem künstlerischen, körperlichen oder unternehmerischen Talent sehr viel Geld verdienen, doch es handelt sich hier um eine sehr kleine Gruppe von Ausnahmepersönlichkeiten. Das Problem lässt sich meines Erachtens nur lösen, wenn sich Manager freiwillig selbst beschränken und an das Wohl all jener denken, die von ihren Entscheidungen betroffen sind.

Konzerne wie Ölförderunternehmen stehen vor komplizierten und schwerwiegenden ethischen Fragen. Es wäre unrealistisch zu erwarten, dass diese Unternehmen ihre Aktivitäten auf Länder mit guten Regierungen beschränken. Sie haben es mit schwachen Regierungen, unklaren Vorschriften, schlechter Sicherheit und Korruption zu tun. Sie müssen viele der Aufgaben übernehmen, für die unter normalen

Umständen die Regierung zuständig wäre. Angesichts ihres Einflusses sollten sie jedoch ganz besondere Anstrengungen unternehmen, das Beste aus dieser problematischen Situation zu machen. Dies bedeutet unter anderem, korrupte Praktiken strikt abzulehnen.

Auch intern sollten globale Konzerne mit einem Höchstmaß an Integrität handeln. Auf den jeweiligen Märkten sollten sie Zulieferer auswählen, die ihrerseits bereit sind, hohe Standards des verantwortlichen Handelns zu übernehmen, oder die sie bereits einhalten. Damit werden diejenigen Unternehmen belohnt, denen die Interessen der Gesellschaft am meisten am Herzen liegen.

Das Richtige tun

Hohe ethische Standards sind für ein Unternehmen von großem Wert, und zwar in materieller wie nicht-materieller Hinsicht. Einem Unternehmen, das für sein einwandfreies Verhalten bekannt ist, fällt es leichter, erstklassige Mitarbeiter zu finden und zu halten. Wenn Klienten und Kunden ein positives Bild von einem Unternehmen haben, dann bleiben sie ihm treu. Und loyale Kunden kaufen nicht nur weiter ein, sondern sie empfehlen das Unternehmen weiter und tragen so zur dauerhaften Rentabilität und zum Wachstum bei. Ein Unternehmen, das für erstklassige Erzeugnisse und Dienstleistungen bekannt ist, kann mehr Geld für seine Produkte verlangen. Kunden sind außerdem eher bereit, ein neues Produkt von einem Hersteller auszuprobieren, dem sie vertrauen, als von einem Anbieter mit zweifelhaftem Ruf. Der Aktienwert eines

Unternehmens mit gutem Leumund ist tendenziell höher als der eines Unternehmens mit vergleichbaren Zahlen und schlechtem Ruf. Ein Unternehmen mit gutem Ruf erhält Kredite zu günstigeren Konditionen. Die Mitarbeiter empfinden mehr Stolz für ihr Unternehmen, wenn sie es als ethisch einwandfrei wahrnehmen. Diese Liste ließe sich endlos fortsetzen.

Ein guter Ruf ist das beste nicht-materielle Kapital eines globalen Unternehmens. Doch angesichts der größer werdenden Erwartungen der Öffentlichkeit, der kritischen Medien und der zahlreichen Beobachter muss dieser Ruf heute immer härter erarbeitet werden. Unternehmen sind an jedem Punkt anfällig. Nichts zerstört den Wert eines Unternehmens schneller als die Enthüllung eines Betrugsfalles im Topmanagement.

Gründe für das Misstrauen der Öffentlichkeit

Wenn Sie die Öffentlichkeit nach ihrer Meinung zu Großkonzernen und ihren Topmanagern befragen, dann antwortet diese sehr wahrscheinlich mit negativen oder zynischen Ansichten zur Unternehmensmaschinerie. Die jüngsten Enthüllungen von Bilanzfälschung und Missmanagement in Betriebsrentenkassen haben zu einem verbreiteten Misstrauen gegenüber den Unternehmen ganz allgemein geführt.

Führungskräfte sollten besonders wachsam gegenüber den folgenden Praktiken sein, auf die die Öffentlichkeit ganz besonders sensibel reagiert.

Bilanzfälschung

Es werden immer wieder Fälle von Unternehmen bekannt, die in Bilanzfälschung, Betrug, Preisabsprachen, Korruption oder Insiderhandel verwickelt sind. Skandale dieser Art kommen in aller Welt vor: Jüngste Beispiele sind ABB, Ahold, Christie's, Daewoo, Enron, Hoffman-La Roche, Hollinger International, Parmalat, Sotheby's und so weiter und so fort. In fast allen Fällen war der Vorstandsvorsitzende direkt beteiligt, was die Notwendigkeit der in diesem Buch beschriebenen Führungsprinzipien noch einmal unterstreicht. Obwohl das Gesetz harte Bestrafung mit hohen Geldbußen und selbst Gefängnis vorsieht, wäre es unrealistisch zu erwarten, dass diese Skandale aufhören. Vorstandsvorsitzende stehen unter enormem Druck, immer größere Gewinne zu erzielen. Solange sich die Erkenntnis nicht durchsetzt, dass Unternehmen nicht nur dazu da sind, das Aktionärsvermögen zu maximieren, sondern dass sie eine höhere Bestimmung haben, bleibt die Gefahr des Betrugs bestehen. Trotzdem ist es wichtig, sich daran zu erinnern, dass diese Praktiken nur in einem relativ kleinen Teil aller Unternehmen vorkommen.

Zunehmende Einkommensungleichheit

Viele Menschen empfinden es als ungerecht, dass die Gehälter der Topmanager immer schneller steigen, während sich die der Mitarbeiter auf den unteren Gehaltsstufen kaum verändern. Sie akzeptieren, dass erfolgreiche Unternehmer, Unterhaltungskünstler oder Sportler viel Geld verdienen, doch sie halten es für unmoralisch, wenn die Bezüge der Manager sehr viel schneller wachsen als die der übrigen Belegschaft. In den USA stieg beispielsweise das Jahresgehalt eines

Vorstandsvorsitzenden innerhalb der letzten fünfundzwanzig Jahre von 480 000 auf 8 Millionen US-Dollar. Der durchschnittliche Arbeiter verdient dagegen 27 000 US-Dollar pro Jahr, die Steigerungen betrugen kaum mehr als den Inflationsausgleich.[35]

Es gelingt den Unternehmen nicht, die Öffentlichkeit zu überzeugen, dass sie in dieser Frage fair handeln. Eines der Probleme ist, dass ein kompetenter und inspirierender Vorstandschef einer der zentralen Erfolgsfaktoren für ein Unternehmen ist, und dass solche Leute nicht leicht zu finden sind. Manager, die in der Lage sind, einen kränkelnden Konzern zu sanieren, etwa Carlos Ghosn im Falle von Nissan oder Lou Gerstner im Falle von IBM, sind »Stars« und verdienen gewaltige Summen. Doch unter den Vorstandsvorsitzenden gibt es nur wenige solcher Stars. Wenn Unternehmen und Aufsichtsräte in der Frage der Vorstandsgehälter Mäßigung üben, kann dies die Moral heben und bessere Ergebnisse bewirken.

Eine interessante Entwicklung lässt sich bei American Express beobachten. Dort beinhaltet das Gehaltspaket des Vorstandsvorsitzenden 2,75 Millionen Aktien. Diese erhält er jedoch nur in vollem Umfang, wenn das Unternehmen über den langen Zeitraum von sechs Jahren seine sehr ehrgeizigen Ziele erreicht – zum Beispiel eine Umsatzsteigerung von 10 Prozent pro Jahr. Damit ist die Zahlung stärker an die Leistung geknüpft, ein Ansatz, den auch andere Unternehmen in Erwägung ziehen könnten.[36]

Ausbeuterische Praktiken

In Branchen wie der Ölförderung und dem Bergbau sind ausbeuterische Praktiken verbreitet. Ironischerweise gehören einige der größten Öl- und Gasförderunternehmen wie Royal Dutch/Shell und BP bei der Umsetzung der unternehmerischen Sozialverantwortung zu den aktivsten Konzernen. Doch diese Unternehmen haben sich vor allem auf dem Gebiet des Umweltschutzes zahlreiche Fehler zuschulden kommen lassen, die in der Öffentlichkeit breit diskutiert wurden. BP geriet beispielsweise in die Schlagzeilen, weil es in Alaska eine gewaltige Ölpest verursacht hatte und hohe Strafen bezahlen musste. Shell erlebte ein berühmtes Debakel mit der Ölplattform Brent Spar, das wir weiter unten genauer betrachten werden.

Die Förderung und Verarbeitung von Erzen, Erdgas und Erdöl sind naturgemäß ausbeuterisch, weshalb es nicht einfach ist, ethische Praktiken umzusetzen. Erz- und Ölvorkommen finden sich oft in armen Ländern. Diese können die Rohstoffe meist nicht im eigenen Land verarbeiten, sondern müssen sie verkaufen. Die Gewinne, die der Verkauf dem Land bescheren könnte, werden vielfach von einer wirtschaftlichen Elite »geraubt«, die der Regierung angehört oder eng mit ihr zusammenarbeitet. Oft erweisen sich die Rohstoffe nicht als Segen für das betroffenen Land, sondern als Fluch.

Doch Unternehmen können einige positive Maßnahmen ergreifen. Inzwischen führen verschiedene Ölkonzerne Umwelt- und Sozialverträglichkeitsstudien durch, ehe sie eine Entscheidung darüber treffen, ob ein Vorkommen erschlossen werden soll oder nicht. Vermehrt hören sie auch Vertreter der unmittelbar von der Förderung betroffenen Gemeinden an. Ölkonzerne investieren zudem in die Forschung und Entwicklung erneuerbarer Energien. Bleibt die schwierige Aufgabe, die Öffentlichkeit über diese Bemühungen zu informieren.

Herstellung schädlicher Produkte

In Kapitel 2 haben wir über das buddhistische Prinzip des Rechten Lebenserwerbs gesprochen. Von Unternehmen verlangt dieses Prinzip, keine schädlichen Produkte herzustellen. Es gibt nach wie vor Produkte, die nicht vom Gesetz verboten sind, obwohl sie als schädlich gelten. Unternehmen behaupten gern, wenn sie ein solches Produkt nicht produzierten, dann sorge der Markt dafür, dass ein Konkurrent in die Lücke springe. Doch das Risiko, in diesen Branchen den guten Ruf zu verspielen, ist sehr groß.

Nehmen wir den Tabakkonzern Philip Morris, der nach zahlreichen Gerichtsverfahren einen Ansehensverlust erlitten hat, von dem er sich bis heute nicht erholt hat. Angesichts der Tatsache, dass Rauchen in vielen Ländern inzwischen missbilligt wird und in der Öffentlichkeit weitgehend verboten ist, steht Philip Morris vor der Aufgabe, sein Image neu zu erfinden. Der Konzern versucht, sich gewissermaßen als pädagogische Institution zu positionieren, die über die Gefahren des Tabakkonsums aufklärt. Es ist merkwürdig, wenn ein Unternehmen einerseits ein Produkt bewirbt und andererseits auf seine Gefahren aufmerksam macht, doch die Macht der Öffentlichkeit hat diese Reaktion erzwungen.

Verstoß gegen Menschenrechte und Umwelt

Im Zeitalter der Globalisierung müssen viele international agierende Unternehmen wegen der Arbeitsbedingungen in ihren Werken in Schwellen- und Entwicklungsländern Rede und Antwort stehen. Zahlreiche Umweltwächter und Menschenrechtsgruppen beobachten mögliche Verstöße. Unternehmen müssen bereit sein, ihre Richtlinien in Umwelt- und Arbeitsschutzfragen offenzulegen und ihre offiziellen Partner und inoffiziellen Händler in Verträgen und Vereinbarungen zu deren Einhaltung zu verpflichten. Ohne diese Rückversicherung laufen sie Gefahr, mit rufschädigenden Praktiken in Verbindung gebracht zu werden.

Das glaubwürdige Unternehmen

Natürlich gibt es auch zahlreiche außergewöhnliche Führungspersönlichkeiten, die Verhaltensweisen durchsetzen, mit denen ihr Unternehmen in der Öffentlichkeit als ethisch und glaubwürdig wahrgenommen wird. Unternehmen stehen vor der Aufgabe, die Gunst der Gesellschaft zurückzugewinnen und der Öffentlichkeit zu zeigen, welchen Beitrag sie zu leisten imstande sind. Dabei geht es nicht um bessere Öffentlichkeitsarbeit, sondern darum, was ein Unternehmen tatsächlich *tut.*

Solange die Öffentlichkeit alle Großkonzerne tendenziell negativ sieht, haben es auch Unternehmen schwer, die Gutes tun wollen. In diesem Abschnitt zeigen wir, wie Unternehmen ihre Glaubwürdigkeit wiederherstellen können, wenn sie sich an den Prinzipien der Rechten Anschauung und des Rechten Handelns orientieren.

Förderung der unternehmerischen Sozialverantwortung

Unter unternehmerischer Sozialverantwortung versteht man, wie wir in Kapitel 4 beschrieben haben, die Vorstellung, dass sich ein Unternehmen als verantwortliches Mitglied der Gesellschaft begreift und verhält wie ein gesetzestreuer Bürger. Eine wichtige Entwicklung auf diesem Gebiet sind die so genannten ethischen Aktienindizes wie der Dow Jones Sustainability Index, der Dow Jones STOXX, der FTSE4Good Global 100 oder der FTSE4Good Europe 50.

Unternehmen werden in diese Indizes aufgenommen, wenn sie nachweisen können, dass sie sich an klar definierte Standards der Sozialverantwortlichkeit halten. Diese Standards entwickeln sich ständig weiter, um neuen Diskussionen zur sozialen Verantwortung Rechnung zu tragen. Dies belegen die folgenden Zahlen aus dem Bericht von FTSE4Good:

- Weltweit sind über 200 Unternehmen den strengeren Umweltauflagen zur Verbesserung ihrer Praktiken nachgekommen, 85 wurden gestrichen, weil sie die neuen Auflagen nicht erfüllt haben.
- 58 Unternehmen sind den strengeren Menschenrechtsauflagen nachgekommen, 20 wurden gestrichen.
- 20 Unternehmen haben ihre Richtlinien, Managementsysteme und Überwachung von Arbeitsschutzbestimmungen bei Zulieferern verbessert, zwei wurden gestrichen.[37]

Auf internationaler Ebene hat die Organisation für wirtschaftliche Zusammenarbeit und Entwicklung (OECD) »Verhaltensempfehlungen für internationale Unternehmen auf den Gebieten Arbeit, Umwelt, Verbraucherschutz und Korruptionsbekämpfung«[38] veröffentlicht. Die Vereinten Nationen haben den »Global Compact« verabschiedet, der als »weltweit größte Initiative zur unternehmerischen Sozialverantwortung« beschrieben wurde.[39] Nach einer Umfrage, die im Jahr 2005 im *Welt Bank Report* veröffentlicht wurde, gaben 20 Prozent der befragten Vorstandsvorsitzenden an, die OECD-Richtlinien hätten ihr Unternehmen beeinflusst. Auf den Global Compact bezogen sich 30 Prozent. Unternehmen, die sich nachweislich an diese Richtlinien halten, gewinnen an Glaubwürdigkeit und nutzen der gesamten Gesellschaft.

Doch die Umsetzung der Richtlinien sollte sich in den Handlungen des Unternehmens niederschlagen, nicht nur in dessen Öffentlichkeitsarbeit. Eine Umfrage der Unternehmensberatung McKinsey ergab einige interessante Zahlen:[40]

- Mehr als 90 Prozent der befragten Vorstandsvorsitzenden gaben an, heute mehr zu tun als vor fünf Jahren, um den Themen Umweltschutz, soziale Verantwortlichkeit und ethische Unternehmensführung Rechnung zu tragen.
- 72 Prozent der befragten Vorstandsvorsitzenden waren der Ansicht, Sozialverantwortung solle fester Bestandteil der Strategie und der Betriebsführung sein, doch nur 50 Prozent waren der Ansicht, ihr Unternehmen halte sich tatsächlich daran.
- 59 Prozent der Vorstandsvorsitzenden erklärten, Sozialverantwortung solle auch in den weltweiten Zulieferketten umgesetzt werden, doch nur 27 Prozent waren der Ansicht, ihr Unternehmen setze diese Forderung tatsächlich um.

Ehrlichkeit und Erfolg sind kein Widerspruch

Manager behaupten gern, die Wirtschaft sei ein Überlebenskampf gegen die Konkurrenz, in dem für ethisches Verhalten kein Platz bleibe. Man gewinnt, oder man stirbt. Auch für Ehrlichkeit sei kein Platz. Die meisten Manager würden nur ungern zugeben, dass sie selbst unehrlich handelten, und beschreiben sich als anständig – jedenfalls nicht weniger anständig als andere Menschen. Sie erklären, ein Manager, der diese Ansichten nicht teile, habe entweder keine Ahnung von der Wirtschaft oder sei ein Heuchler. Aussagen und Verhaltensweisen wie diese bringen das ganze Unternehmertum in Verruf. Doch diese Haltung lässt sich ändern.

Immer mehr Unternehmen bemühen sich um ethisches Handeln und suchen Anerkennung für diese Verhaltensweise. Das Magazin *Ethisphere* wählte im Jahr 2007 aus tausend Kandidaten »die 100 ethischsten Unternehmen der Welt«. Einige der Unternehmen auf der Liste waren umstritten, doch die Auswahl erfolgte nach einer ausführlichen Beobachtung und Untersuchung. Herausgeber Alex Brigham erklärte:

> Wir haben nach dem Absoluten gesucht. Wir haben Unternehmen im Branchenkontext überprüft. Und wir haben nach einflussreichen Führungspersönlichkeiten gesucht, die andere dazu bewegen, Veränderungen zu anzunehmen. Die Unternehmen wurden in einem strengen achtstufigen Prozess gemessen und anhand von neun ethischen Führungskriterien beurteilt ... Diese Unternehmen sprechen nicht nur über die Notwendigkeit des ethischen Unternehmertums, sie lassen Taten folgen.[41]

Eines der Unternehmen auf der Liste ist die Fluor Corporation aus Texas, ein Technologieunternehmen, das in erster Linie für die Regierung der Vereinigten Staaten von Amerika tätig ist. Während der Konkurrent Halliburton vor allem durch Vorwürfe der Korruption und Vetternwirtschaft von sich reden macht, genießt Fluor einen immer besseren Ruf. Fluor-Chef Alan Boeckman erklärt: »Ethik und ethisches Verhalten sind seit der Gründung vor mehr als einem Jahrhundert zentrale Werte bei Fluor.«[42] Das schlägt sich auch in den Gewinnen nieder.

Ein weiteres Unternehmen auf der *Ethisphere*-Liste ist der Industriehersteller Eaton Corporation. Nach Ansicht seines Vorstandsvorsitzenden Sandy Cutler ist Ethik keineswegs eine Frage, bei der man die Wahl hat: »Es geht darum, das Geschäft richtig zu machen, und zwar in Übereinstimmung mit internen Philosophien und Verpflichtungen gegenüber den Kunden. Wir verlieren Kunden, wenn wir uns nicht an unsere Werte halten.« Wenn ein Unternehmen nach ethischen Maßstäben handelt, »kann man den oberen Teil entfernen, und der untere funktioniert weiter«, erklärt Cutler.[43]

Tugend bei General Electric

> Die Welt hat sich verändert. Unternehmen werden heute nicht mehr bewundert ... Die Kluft zwischen Arm und Reich wird immer größer. Es ist an uns, unsere Basis zu nutzen und gute Bürger zu sein – nicht nur, weil es ganz nett ist, sondern weil es ein unternehmerisches Gebot ist. Gute Führungskräfte geben zurück. Die Zeit, in der wir leben, gehört den Menschen, die an sich selbst glauben, die aber die Bedürfnisse der anderen im Auge haben.[44]
>
> *Jeff Immelt, Vorstandsvorsitzender von General Electric*

Mit weltweit rund 320 000 Mitarbeitern und einem Marktwert von rund 375 Milliarden US-Dollar Ende 2007 ist General Electric eines der bekanntesten Unternehmen der Welt. Jack Welch, der dem Konzern bis zum Jahr 2000 vorstand, galt als einer der kompetentesten Manager der Gegenwart. Viele Beobachter bezweifelten, dass sein Nachfolger Jeff Immelt in der Lage sein würde, das Leistungsniveau zu halten. Sie wurden jedoch angenehm überrascht, als Immelt an den Erfolg seines Vorgängers anknüpfen konnte. Noch größer war die Überraschung, als Immelt den 200 Topmanagern erklärte, wenn General Electric an der Spitze bleiben wolle, benötige es nicht nur ausgezeichnete Mitarbeiter, Wachstum und Umsetzungsstrategien, sondern auch Tugend.

Warum erhob Immelt Tugend zum Unternehmensziel? Erstens wollte er den Ruf von General Electric verbessern und auf diese Weise das Risiko verringern, das von einem schlechten Renommee ausgeht. Keine Naturkatastrophe kann einem Unternehmen solchen Schaden zufügen wie ein schlechtes Image. Abschreckende Beispiele sind Arthur Anderson, ein Wirtschaftsprüfungsunternehmen mit 70 000 Mitarbeitern, das beinahe über Nacht schließen musste, nachdem es seinen guten Ruf durch seine Verwicklung in den Enron-Skandal verloren hatte. Oder das Versicherungs- und Finanzunternehmen Marsh McLennan, das 40 Prozent seines Aktienwertes (etwa 9 Milliarden US-Dollar) verlor, als der Vorwurf laut wurde, es habe seine Gewinne mit unlauteren Methoden erzielt.

Ein zweiter Grund, warum Immelt Tugend zum Unternehmensziel erklärte, ist die Tatsache, dass immer mehr institutionelle Anleger sich dafür interessieren, ob sich ein Unternehmen in allen Bereichen verantwortlich verhält. Verantwortliches Verhalten macht die Aktie auf dem Markt attraktiver.

Drittens geht es Immelt auch um die Motivation seiner Mitarbeiter. Er ist überzeugt, dass Menschen sich lieber für ein Unternehmen engagieren, das »etwas bewegt und in der Welt Großes leistet«.

Der vierte und vielleicht wichtigste Grund ist, dass General Electric den Ehrgeiz hat, in allen Bereichen Spitzenleistung zu bringen. Jahr für Jahr organisiert das Unternehmen ein dreiwöchiges Programm für Nachwuchsmanager im Alter von 30 bis 40 Jahren, die in Zukunft wichtige Führungsaufgaben übernehmen sollen. Das Thema ist jedes Jahr ein anderes. Im Jahr 2002 bat Immelt die Gruppe, sich mit der gesellschaftlichen Verantwortung von Unternehmen zu befassen. Die Teilnehmer befragten prominente Konzerne, Anleger, Behörden und Bürgerinitiativen, inwieweit General Electric ihrer Ansicht nach seiner sozialen Verantwortung nachkam. Das Ergebnis fiel ernüchternd aus: Im Vergleich zu anderen Großkonzernen schnitt General Electric schlecht ab.

Da General Electric dafür bekannt ist, eine einmal getroffene Entscheidung rasch umzusetzen, richtete das Unternehmen Weiterbildungsprogramme ein, um allen Mitarbeitern klar zu machen, wie wichtig tugendhaftes Verhalten ist. In einem Crash-Kurs beschäftigte sich das Management mit der Frage, wie die Umweltbilanz des Unternehmens verbessert werden konnte. General Electric kaufte einen Hersteller von Solarenergiegeräten sowie ein Klärunternehmen und suchte sich einen Windenergiepartner. Es unterzog seine Zulieferer in Entwicklungsländern einer Prüfung, um sicherzustellen, dass sie Umwelt-, Gesundheits- und Arbeitsschutzstandards einhielten. In diesem Zusammenhang beschloss das Unternehmen, keine Geschäfte mehr mit Myanmar (Burma) zu tätigen, da die Regierung dieses Landes für die Verletzung von Menschenrechten bekannt war. General Electric nahm Gespräche mit nachhaltigen Anlagefonds auf und wurde im Jahr 2004 zum Dow Jones Sustainability Index zugelassen, womit es nun zu den 300 verantwortlichsten Unternehmen gehört.

Immelt weiß, dass komplexe Veränderungen einen Motor im Unternehmen benötigen und dass eine Person deren Umsetzung in die Hand nehmen muss. Deshalb richtete er die Stelle eines Vizepräsidenten für Sozialverantwortlichkeit ein, der ihm direkt unterstellt ist.

General Electric tritt außerdem aktiv für die Gleichstellung seiner Mitarbeiter ein. Das Unternehmen hat wichtige Preise erhalten, weil es überdurchschnittlich viele Frauen und Afroamerikaner in Managementpositionen befördert. Die Angehörigen des Afroamerikanischen Forums bei General Electric fragten Immelt, ob das Unternehmen nicht mehr für Afrika tun könne. Immelt wollte zwar keinen Betrieb auf dem afrikanischen Kontinent ansiedeln, doch er investierte 20 Millionen US-Dollar in ein Gesundheitsprogramm in Ghana, einem Land, mit dem General Electric kaum Geschäfte macht. Er erklärte, er könne ein solches Projekt rechtfertigen, auch wenn es keinerlei Gewinne versprach, denn:

- **Langfristig besteht die Aussicht, dass sich der afrikanische Kontinent in einen Markt verwandelt, den wir kennen lernen wollen.**
- **Junge Afroamerikaner begeistern sich für Afrika. Sie bewerten die Initiative sehr positiv.**
- **Wir wollen, dass General Electric als gutes Unternehmen bekannt ist, nicht nur in den USA, sondern in aller Welt.**

»Tugend« bedeutet aktive moralische Höchstleistung. Der Begriff entspricht dem, was wir Buddhisten unter dem Prinzip des Rechten Handelns verstehen. Als General Electric seine Nachwuchsmanager untersuchen ließ, welchen Ruf das Unternehmen auf dem Gebiet der sozialen Verantwortlichkeit hatte, zeigte das Unternehmen ein ernsthaftes Interesse daran, die Dinge so zu sehen, wie sie wirklich sind. Dies ist ein Beispiel für die Rechte Anschauung. Ich bin überzeugt, dass andere Unternehmen, die ebenso vorgehen, von den Ergebnissen nicht enttäuscht sein werden und zahlreiche Korrekturen zum Positiven vornehmen können.

General Electric macht nicht nur fromme Versprechungen, sondern unternimmt etwas: Es richtet eine eigene Abteilung für sozialverantwortliches Handeln ein, bildet seine Mitarbeiter weiter und überprüft seine Zulieferer. Was die Führung hier umsetzt, ist nichts anderes als die Prinzipien der Rechten Anschauung und des Rechten Handelns.

»Gulliver und Liliput« bei Shell

Brent Spar war ein schwimmender Öltank der Shell Oil Company. Mit seinen 167 Metern Höhe war er größer als der Kölner Dom. Sein

Leergewicht von 14500 Tonnen entsprach etwa dem einer großen Nordseefähre. Nachdem der Tank ausgedient hatte, holte Shell eine Genehmigung von der britischen Regierung ein, um ihn im Nordatlantik zu versenken. Nach Protesten der Umweltorganisation Greenpeace und Berichterstattung in den Medien sah sich das Unternehmen jedoch gezwungen, diesen Plan aufzugeben.

Heinz Rothermund, geschäftsführender Direktor von Shell UK Exploration, kommentiert dies so:

> Brent Spar hat unseren Blickwinkel verändert. Spar ist weniger ein Umweltproblem, wie viele glauben, sondern vielmehr ein Symbol für die Unfähigkeit der Branche, mit der Außenwelt zu kommunizieren.[45]

Rothermund erkannte, dass es Shell in der Vergangenheit versäumt hatte, die Auswirkungen seiner Handlungen auf die Öffentlichkeit zu bedenken, und dass dies in Zukunft notwendig sein würde. Shell hatte die Wahl, die Schuld auf Regierungen zu schieben, die unter dem Eindruck der Proteste nachgaben, mit dem Finger auf Greenpeace zu zeigen, weil es falsche Beweise vorgelegt hatte (wofür sich Greenpeace später entschuldigte) – oder in sich zu gehen. Shell entschied sich für Letzteres. Der Konzern kam zu dem Schluss, dass sich diese Situation jederzeit wiederholen konnte, und dass er seine Entscheidungen anders treffen musste. Er erkannte, dass er sich stärker darum kümmern musste, wie die Gesellschaft als Ganze auf seine Handlungen reagierte. Und er musste akzeptieren, dass viele Menschen seinen Aussagen zu Umweltschutzmaßnahmen keinen Glauben mehr schenken würden. Es ging nicht darum, Erklärungen abzugeben, sondern darum, zu handeln.

Cor Herkströter, seinerzeit Vorsitzender der Geschäftsführung, formulierte folgende Selbstverpflichtung:

> Wir hoffen, mit unseren zukünftigen Handlungen beweisen zu können, dass die grundlegenden Interessen des Unternehmens und der Gesellschaft vollständig miteinander vereinbar sind und dass es keinen Widerspruch zwischen Gewinn und Prinzipien geben muss.[46]

Shell war eines der ersten Unternehmen, das Regeln ethischen Verhaltens in einem Dokument festhielt und für seine Mitarbeiter verbindlich einführte.

Nach dem Brent-Spar-Vorfall machte sich Shell außerdem das Dialogprinzip zu eigen, das heißt, dass Shell verschiedene unabhängige Organisationen an seinen Entscheidungsprozessen beteiligt. Diese haben zwar kein formelles Mitspracherecht, doch ihr informeller Einfluss ist erheblich, denn Shell hört sich ihre Standpunkte genau an, stellt seine Position dar und sucht den konstruktiven Dialog.

Zehn Jahre nach dem Brent-Spar-Debakel schrieb James Smith, Aufsichtsratsvorsitzender von Shell UK, in einem Artikel:

> Wir haben gelernt, dass wissenschaftliche Erkenntnisse und die Genehmigung der zuständigen Aufsichtsbehörden zwar notwendig, aber keineswegs ausreichend sind. Wir müssen das Gespräch mit der Gesellschaft suchen, die Sorgen und Erwartungen der Menschen ernst nehmen und auf sie reagieren ... Wir müssen so früh wie möglich in einen Dialog eintreten und bereit sein, zuzuhören und unsere Position zu ändern. Wir müssen Fehler eingestehen und zeigen, dass wir die Dinge korrigieren und lernen wollen.[47]

Die Rolle der NGOs

Wie am Beispiel der Brent Spar deutlich wird, haben Medien und Nichtregierungsorganisationen (NGOs) großen Einfluss auf den Ruf eines Unternehmens. Ohne Greenpeace wäre Brent Spar nie in die Schlagzeilen gekommen. Die Nichtregierungsorganisation bewies in diesem Fall, dass sie mehr Macht hatte als Shell und dass sie die Regierungen Großbritanniens und Deutschlands dazu zwingen konnte, ihren eingeschlagenen Kurs zu ändern. Dies unterstrich Chris Fay, Vorstandsvorsitzender von Shell UK:

> Shell UK wurde vom Mutterunternehmen, der Royal Dutch Shell Group, angewiesen, die Versenkung des Öltanks zu stoppen, da andere europäische Filialen sich in einer unhaltbaren Position wiederfanden ... Shell musste reagieren, da es nicht in der Lage war, die Minister bestimmter europäischer Länder davon zu überzeugen, die gültigen Verträge einzuhalten.[48]

Die meisten Nichtregierungsorganisationen sehen es als ihre Aufgabe an, dem Wohl der Öffentlichkeit zu dienen und nicht dem der Unternehmen. Sie konzentrieren sich vor allem auf Großkonzerne, weniger auf kleine und mittlere Unternehmen. Mit ihren Aktionen haben sie großen Einfluss darauf, wie die Öffentlichkeit die Konzerne wahrnimmt, die sie unter die Lupe nehmen. Zum Leidwesen der Unternehmen verfügen diese NGOs in der Öffentlichkeit über einen erheblichen Vorsprung an Glaubwürdigkeit.

Die meisten Mitarbeiter von NGOs sind kluge und geschickte Kommunikatoren mit großer moralischer Überzeugungskraft. Deshalb und dank ihrer oft erheblichen Größe und Reichweite sind die NGOs zu wichtigen Akteuren der Weltwirtschaft geworden. Die meisten Unternehmen suchen einen konstruktiven Umgang mit ihnen, was nicht heißt, dass sie sich in allen Belangen nach den Ansichten der NGOs richten müssen. Es bedeutet vielmehr, in einen konstruktiven Dialog mit den NGOs einzutreten und in einigen Fällen diese mit der Durchführung unabhängiger Studien zu beauftragen. Das Telekommunikationsunternehmen British Telecom betraute beispielsweise eine NGO damit, die Folgen einer möglichen Auslagerung von Geschäftsaktivitäten von Großbritannien nach Indien zu untersuchen. Und als es dem Sportartikelhersteller Nike nicht gelang nachzuweisen, dass einige seiner Zulieferer gegen Arbeitsschutzbestimmungen verstießen, wandte er sich an eine NGO, die schnell herausfand, wo das Problem lag: Die Mitarbeiter misstrauten den Inspektoren des Unternehmens und vertrauten denen der NGO.

Wie im Falle der Brent Spar stärken die Medien und die NGOs gegenseitig ihre Positionen. NGOs wecken mit großem Geschick das Interesse der Medien, und beide gemeinsam haben großen Einfluss auf den Ruf eines Unternehmens. Deshalb müssen Unternehmen heute verstehen, wie NGOs funktionieren.

Der zunehmende Einfluss von NGOs ist eine interessante Erscheinung. Ich muss gestehen, dass ich große Sympathie für Organisationen hege, die sich für das Wohl der Gesellschaft einsetzen. Andererseits beobachte ich mit gewisser Besorgnis, dass NGOs oft keinen ganzheitlichen Ansatz vertreten, sondern sich jeweils auf einzelne Anliegen beschränken. Es wäre unrealistisch zu erwarten, dass sie mehr vom Unternehmertum verstehen als die Unternehmensführer selbst. Wenn jedoch in der Kritik an bestimmten Handlungsweisen die Prinzipien der Rechten Anschauung und des Rechten Handelns zur Anwendung kommen, haben alle einen Nutzen davon.

Im Fall der Brent Spar scheint es Shell an Bescheidenheit gefehlt zu haben. Die Manager dachten: »Wir wissen am besten, was zu tun ist, wir haben alternative Entsorgungsmethoden untersucht, wir haben die Genehmigung der britischen Regierung – was wollen wir noch mehr?« Doch damit stellten sie sich selbst ein Bein. Stattdessen hätte Shell fragen sollen: »Wie reagieren die Menschen, wenn sie erfahren, dass wir eine große, schmutzige Stahlkonstruktion im Meer versenken wollen?« Wären die Shell-Manager bescheiden gewesen, hätten sie erkannt, dass sie keine Antwort auf diese Frage hatten, und hätten versucht, sie zu erhalten. Hätte Shell eine Studie in Auftrag gegeben, wie sie später Jeff Immelt bei General Electric veranlasste, um herauszufinden, was die Öffentlichkeit von seinen Umweltschutzmaßnahmen hielt, dann wäre es gewarnt gewesen.

Auch die Politiker hatten den Kontakt mit der Realität verloren – wobei ich mit »Realität« meine, die Dinge so zu sehen, wie sie wirklich sind. Weder die Regierungen noch das Unternehmen hatte vorhergesehen, wie »heilig« vielen Menschen das Meer ist. Emotionale Reaktionen sind Teil der Realität. Sind heftige Emotionen im Spiel, verlangen sie konstruktiven Umgang. In diesem Falle reagierten die Menschen verärgert, und es waren erhebliche Anstrengungen erforderlich, um mit diesen Emotionen umzugehen. Deshalb ist Dialogbereitschaft sicherlich der richtige Weg. Auf diese Weise können Führungskräfte wohlüberlegt mit der Situation umgehen und entscheiden, ob ein vorsichtigeres Vorgehen ratsam ist. Was auch immer der Standpunkt der Führung sein mag, das Wohl der Gesellschaft sollte an oberster Stelle stehen.

Unternehmen stehen vor der Herausforderung, der Öffentlichkeit zu verdeutlichen, dass es tatsächlich so etwas wie »gute Unternehmen« gibt. Zu diesem Zweck sollten sie die Zusammenarbeit suchen. Wenn Führungskräfte ihre Prinzipien offen darstellen und ihnen entsprechend handeln, verbessert dies den Ruf des Unternehmertums insgesamt, und eine der positiven Auswirkungen sind loyalere Kunden.

Als ich mit der Arbeit an diesem Projekt begann, war ich mir nicht sicher, ob Unternehmen wirklich so handeln können, dass sie in allen Belangen einen guten Ruf verdienen. Heute bin ich überzeugt, dass sie tatsächlich dazu in der Lage sind. Ich bin der Ansicht, dass es sich um ein wichtiges Ziel für jedes einzelne Unternehmen und für die Wirtschaft als Ganze handelt, die schließlich zentrale Positionen in unserer Gesellschaft einnehmen.

Führungskräfte, die einen positiven Wandel für alle Menschen bewirken wollen, sehen sich einer der schwersten und zugleich lohnendsten Aufgaben der Welt gegenüber. Wenn am Ende dieser Bemühungen Unternehmen mit warmem und starkem Herzen stehen, ist das Ergebnis mehr Lebenszufriedenheit und Glück.

Teil 3

FÜHRUNG IN EINER VERNETZTEN WELT

Führung, die ihre universelle Verantwortung anerkennt, ist der wahre Schlüssel zur Lösung der Probleme der Welt.

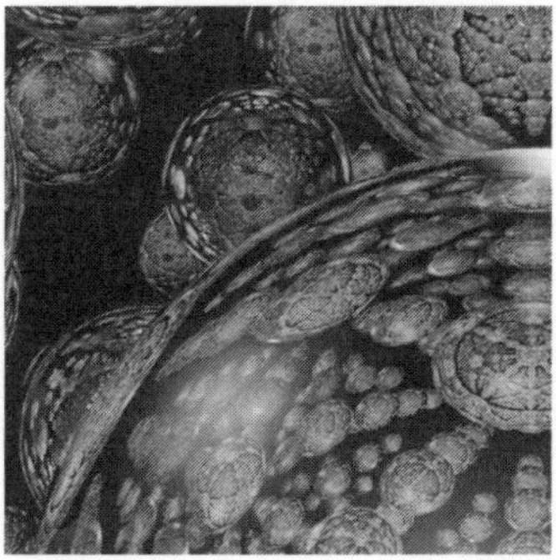

Kapitel 7

HERAUSFORDERUNG GLOBALISIERUNG

Die Welt wird immer vernetzter. Deshalb bin ich der festen Überzeugung, dass wir unsere universelle Verantwortung ernst nehmen müssen. Wir müssen global denken, denn die Handlungen eines Landes wirken weit über seine Grenzen hinaus. Die Akzeptanz allgemeingültiger Menschenrechte ist in der immer kleiner werdenden Welt von heute unabdingbar. Die Achtung der Menschenrechte darf kein Ideal bleiben, das in ferner Zukunft verwirklicht wird, sondern sie muss die Grundlage jeder menschlichen Gesellschaft darstellen.

Einige der künstlichen Grenzen, die Länder und Völker lange voneinander getrennt haben, sind in jüngster Zeit gefallen. Der Erfolg breiter Bürgerbewegungen bei der Überwindung des Eisernen Vorhangs zwischen Ost und West, der die Welt jahrzehntelang in zwei Lager gespalten hatte, war Anlass zu großen Hoffnungen und Erwartungen. Doch ein tiefer Graben bleibt weiter bestehen, und dieser Graben verläuft mitten durch das Herz der menschlichen Familie. Wenn wir es ernst meinen mit unserem Bekenntnis zum Grundprinzip der Gleichheit – einem Prinzip, das meiner Ansicht nach das Fundament der Menschenrechte darstellt –, dann können wir die wirtschaftliche Ungleichheit von heute nicht weiter ignorieren. Es reicht nicht aus, von der Unantastbarkeit der menschlichen Würde zu sprechen. Es müssen Taten folgen. Wir müssen die Verantwortung annehmen, die Ressourcen der Welt gerechter zu verteilen.[49]

Im Prinzip bin ich für die »Globalisierung« und für »globale« Unternehmen. In der Vergangenheit konnten sich Gesellschaften und Länder vom Rest der Welt abschotten, doch heute ist dies unmöglich geworden. Ein Zusammenbruch des Aktienmarkts auf der einen Seite des Globus hat direkte Auswirkungen auf die andere Seite. Terrorismus kann in einem Land entstehen und weit entfernte Länder destabilisieren. Abschottung ist nicht mehr möglich. Globale Unternehmen spielen eine wichtige Rolle in der vernetzten Welt und können Veränderungen zum Guten bewirken.

Viele Menschen halten die Globalisierung für eine negative Entwicklung, weil sie die Ungleichheit vergrößert und weil vor allem reiche Einzelpersonen und Konzerne den Nutzen davontragen. In wohlhabenden Nationen, Schwellenländern und Entwicklungsländern gilt die Globalisierung gleichermaßen als Ursache für den Verlust von Arbeitsplätzen, legale und illegale Einwanderung sowie steigende Arbeitslosigkeit und Kriminalität. Es besteht die Gefahr, dass Regierungen Maßnahmen ergreifen, die die Globalisierung behindern, statt sie zu fördern.

Meiner Ansicht nach erklärt sich die wachsende Opposition gegen die Globalisierung mit unserem Unwillen, das Prinzip der Vergänglichkeit anzuerkennen, die Tatsache also, dass alles permanenter Veränderung unterworfen ist. Veränderungen, die früher Jahrzehnte brauchten, benötigen heute weniger als ein Jahr, doch wir sind es nicht gewöhnt, dass sich die Dinge derart schnell wandeln. Umso wichtiger ist es, Veränderung als einen permanenten und unvermeidlichen Aspekt des Lebens zu begreifen.

Der konstruktive Umgang mit den Licht- und Schattenseiten der Globalisierung ist eine der größten Herausforderungen für Unternehmen und Regierungen. Beide müssen künftig sehr viel besser mit diesem Prozess umgehen, um sicherzustellen, dass er eine positive Entwicklung darstellt und auch als solche wahrgenommen wird.

Von der Handelsgesellschaft zum integrierten Weltkonzern

Die ältesten globalen Unternehmen waren vereinfacht gesagt *Handelsgesellschaften*, die Waren ein- und ausführten. Gegen Ende des neunzehnten und zu Beginn des zwanzigsten Jahrhunderts entwickelte sich ein neuer Typ des globalen Unternehmens, als diese damit begannen, im Ausland Tochtergesellschaften zu gründen, um die Kosten für Transport und Zölle zu senken und ihre jeweiligen Märkte besser zu bedienen. Ein weiteres wichtiges Motiv für diese Entwicklung war der Versuch, Handelsbeschränkungen zu umgehen, mit denen die Regierungen auf Druck der einheimischen Industrie den Import von ausländischen Produkten verhindern wollten. Obwohl diese *multinationalen Unternehmen* in mehreren Ländern tätig waren, blieb das Mutterland mit Abstand

das wichtigste. Heute verstehen sich immer mehr Unternehmen als *integrierte Weltkonzerne* oder »Weltbürger«. In vielen Fällen durchläuft ein Konzern diese drei Stadien nacheinander. Toyota begann beispielsweise mit dem Export von Fahrzeugen nach Frankreich, danach errichtete das Unternehmen eine Produktionsstätte in Valenciennes und später ein Designzentrum in Südfrankreich, wo der Toyota Yaris entwickelt wurde. Der Dalai Lama beurteilt diese Entwicklung hin zu integrierten Weltkonzernen positiv.

Hinsichtlich ihrer Kommunikation und gegenseitigen Abhängigkeit stellen diese drei Unternehmenstypen drei Stufen der Vernetztheit dar. In Im- und Exportunternehmen behalten die Partner Distanz zueinander und es sind nur Käufer und Verkäufer beteiligt. Im zweiten Modell ist die Tochtergesellschaft vollständig vom Mutterunternehmen abhängig. Die Vernetzung ist intensiver, in der Kommunikation zwischen der Zentrale und der ausländischen Niederlassung geht es um Produktionsmethoden, Personalpolitik, Technologie und die Beziehungen zur Regierung des anderen Landes. Manager und Angestellte aus unterschiedlichen Ländern und Kulturen müssen effektiv zusammenarbeiten, wenn das Unternehmen erfolgreich sein soll. Auch das Mutterunternehmen selbst ist stärker in das Netz eingebunden: Seine Ergebnisse hängen nicht nur von der Leistung im eigenen Land ab, sondern auch von den Tochtergesellschaften.

Der integrierte Weltkonzern ist die erste Unternehmensform, die ich als »ganzheitlich« bezeichnen würde. Ausgangspunkt ist nicht mehr die nationale Muttergesellschaft mit ihren regionalen Niederlassungen, sondern eine globale Muttergesellschaft, die Aufgaben dorthin verlagert, wo sie am effektivsten zu bewältigen sind, wo auch immer das sein mag. Wenn ein solches Unternehmen die Prinzipien des sozialverantwortlichen Handelns ernst nimmt, die wir in Teil 2 vorgestellt haben, dann bezieht es die Stakeholder in allen Ländern, in denen es aktiv ist, gleichermaßen mit ein.

Ich habe den Eindruck, dass integrierte Weltkonzerne aufgrund dieser Vernetzung gleichzeitig verwundbarer und weniger verwundbar geworden sind. Wenn eine der Fabrikationsstätten des Unternehmens durch ein Feuer zerstört wird, kann mit großer Wahrscheinlichkeit eine andere einspringen. Damit ist das Unternehmen als Ganzes weniger verwundbar. Wenn andererseits der Erfolg eines Projekts von der effektiven Zusammenarbeit von Unternehmensteilen in aller Welt abhängt, müssen sich die Mitarbeiter aufeinander verlassen können. Dies erfordert großes Vertrauen über Grenzen hinweg, was meiner Ansicht nach ein Nutzen der Globalisierung ist. Wenn einer der beteiligten Bereiche nicht die erforderliche Leistung bringt, bekommt der gesamte Konzern die Folgen zu spüren, weshalb das Unternehmen als Ganzes verwundbarer ist. Möglicherweise wirkt es motivierend, wenn Mitarbeiter erkennen, dass der Erfolg vollständig von anderen abhängt. Wenn Mitarbeiter sehen, inwieweit sie aufeinander angewiesen sind, fühlen sie sich verantwortlicher und handeln entsprechend.

Es stellt eine große Herausforderung dar, Arbeiten, die bislang im eigenen Land durchgeführt wurden, in harmonischer Art und Weise ins Ausland zu verlagern. Wenn das Prinzip der Rechten Anschauung zur Anwendung kommt, werden Aktivitäten dort ausgeführt, wo sie dem Unternehmen als Ganzem am meisten nutzen.

Entscheidungen sollten von einem ganzheitlichen Standpunkt aus getroffen werden und Mitarbeiter, Aktionäre und andere Stakeholder in den betroffenen Ländern einbeziehen. Dies ist ein immens komplizierter Prozess. Das Prinzip der Vergänglichkeit manifestiert sich in Umwälzungen wie der Errichtung oder Schließung von Fertigungsstätten und der Einrichtung zusätzlicher Forschungslabors in Entwicklungsländern sowie der Erkenntnis, dass die beste Lösung von heute anders aussieht als in fünf Jahren. Umso wichtiger ist es, eine Entscheidung aus unterschiedlichen Perspektiven zu betrachten: aus kurz-, mittel- und langfristiger Sicht, und zwar nicht nur aus der eigenen, sondern aus der Perspektive verschiedener Beteiligter. Die Errichtung einer neuen Fertigungsstätte ist für gewöhnlich positiv, die Schließung einer bestehenden dagegen negativ. Beide sind unvermeidlich und Ausdruck des Prinzips der Vergänglichkeit. Die Aufgabe einer Führungskraft besteht darin, den Schaden einer Schließung so gering wie möglich zu halten. Verantwortungslose Unternehmen gehen einfach. Verantwortungsbewusste Unternehmen dagegen tun alles, um den Menschen, die ihren Arbeitsplatz verlieren, bei der Suche nach einer neuen Arbeit zu helfen.

Ein Unternehmen in Taiwan, das eine Fertigungsanlage schließen musste und nicht in der Lage war, Arbeit für die entlassenen Arbeitnehmer zu finden, ging sogar so weit, eine neue Fertigung aufzulegen, um Beschäftigung zu schaffen. Als eine schwedische Werft schließen musste, weil sie im Wettbewerb gegen die japanische und koreanische Konkurrenz nicht mehr mithalten konnte, entwickelte sie zusammen mit der Regierung ein Programm, um die früheren Arbeitnehmer zum Schritt in die Selbstständigkeit zu ermutigen und nicht vom Staat geförderte, sichere Arbeitsplätze zu schaffen. Das Programm beinhaltete Weiterbildungskurse, in

denen zuvor abhängig Beschäftigte lernten, ein eigenes Unternehmen zu gründen und zu führen. Mit dieser Haltung verhindert ein Unternehmen, dass sein Ruf Schaden nimmt, und reduziert die negativen Auswirkungen für alle.

Die Stärke der Vielfalt

Meiner Ansicht ist es eine der größten Aufgaben für die Welt von heute, ein harmonisches Verhältnis zwischen Menschen unterschiedlicher Kulturen – Rassen, Religionen, Stammeszugehörigkeiten und Geschlechter – zu schaffen. Ein großes Problem besteht darin, dass Gesellschaften häufig von einigen Minderheiten beherrscht werden, die ihre Stellung ausnutzen, um sich wirtschaftliche Vorteile zu verschaffen, während andere Minderheiten seit Jahrhunderten diskriminiert werden. Es ist nur zu verständlich, dass diese ihre Diskriminierung nicht länger dulden wollen, doch es ist traurig, dass dies häufig in gewaltsamen Konflikt mündet. Ich habe dies am indischen Kastensystem beobachtet. Die Diskriminierung muss ein Ende haben, doch ihr in der richtigen Weise ein Ende zu bereiten ist eine schwere Aufgabe.

Für Buddha war die Achtung des anderen ein ganz besonderes Anliegen. Nach buddhistischer Vorstellung hat auch ein Mensch, der in der Vergangenheit Schlechtes getan hat, das Potenzial, ein guter Mensch zu werden, und verdient, als Mensch geachtet zu sein. Die Grundlage einer jeden harmonischen Beziehung ist der gegenseitige Respekt, unabhängig von Herkunft und Kultur. Ein tibetischer Mönch, der von den Chinesen gefoltert worden war, berichtete mir: »Die körperlichen Schmerzen konnte ich ertragen. Meine größte Sorge war, dass ich meinen Peiniger nicht mehr als Mitmenschen würde sehen können.«

Nelson Mandela beschrieb die angemessene Haltung zur kulturellen Vielfalt so:

> Am 27. April 1994 begründete das südafrikanische Volk eine Nation auf dem feierlichen Gelöbnis, das Erbe unserer geteilten Vergangenheit ungeschehen zu machen, um ein besseres Leben für alle zu ermöglichen. Wir haben dieses Versprechen nicht leichtfertig gegeben. Über Generationen hinweg waren Millionen von Menschen absichtlich in Armut gehalten worden ... Jahrzehntelang hatten wir für eine nicht-rassistische, nicht-sexistische Gesellschaft gekämpft, und selbst ehe wir durch den historischen Wahlsieg des Jahres 1994 an die Macht kamen, beruhte unsere Vorstellung der Demokratie unter anderem auf der Überzeugung, dass kein Mensch und keine Gruppe von Menschen aufgrund ihrer Rasse, ihres Geschlechts, ihrer ethnischen Herkunft, ihrer Hautfarbe oder ihres Glaubens unterdrückt, beherrscht oder diskriminiert werden darf. Als wir an die Macht kamen, beschlossen wir, die Vielfalt der Farben und Sprachen, die einst verwendet worden war, um uns zu trennen, nun als unsere Stärke zu sehen.[50]

Da der richtige Umgang mit der kulturellen Vielfalt einen derart zentralen Stellenwert einnimmt, wollte ich mehr darüber erfahren, wie integrierte Weltkonzerne mit dieser Frage umgehen. Ich war angenehm überrascht, dass einige dieser Unternehmen in der kulturellen Vielfalt ihrer Mitarbeiter einen großen Vorteil sehen.

Als der Konzern IBM im Jahr 2005 unter Federführung des Vorstandsvorsitzenden Samuel Palmisano das »Weltbürgerkonzept« einführte, war er weltweit Vorreiter.[51] IBM war zu dem Schluss gekommen, dass Innovation auf globaler Ebene notwendig war und dass das Modell des Mutterkonzerns mit Tochtergesellschaften ausgedient hatte.

Eines der Praxisleitbilder von IBM lautet: »Wir hören auf die Bedürfnisse aller Mitarbeiter und aller Gesellschaften, in denen wir tätig sind.« Das Unternehmen hat detaillierte Leitbilder zum Umgang mit seinen Zulieferern entwickelt und sorgt dafür, dass auch seine Partner nach denselben hohen Ansprüchen handeln:

> Wir sind uns bewusst, dass die erhebliche Kaufkraft unseres Unternehmens eine einmalige Ressource ist und verantwortlichen Umgang verlangt. IBM vergibt jährlich Aufträge in Höhe von 2 Milliarden US-Dollar an seine Zulieferer – mehr als jedes andere Technologieunternehmen. Doch es geht nicht nur darum, diese Ausgaben verantwortlich zu tätigen, sondern wir haben zudem die Verantwortung, uns und unsere Zulieferer auf hohe ethische Standards zu verpflichten. Dies bedeutet zum einen die Einhaltung aller Gesetze und Vorschriften. Darüber hinaus bedeutet es jedoch, dass wir uns verpflichten, unsere Zulieferer bei der Einführung einwandfreier Praktiken zu unterstützen und so gesunde globale Märkte zu schaffen.
>
> Wir stehen in ständigem Austausch mit unseren Zulieferern, um gemeinsam neue Ziele zu formulieren. In einem zunehmend vernetzten Markt steigen die Erwartungen an alle Beteiligten der gesamten Lieferkette. Wir bekräftigen unsere bestehende Philosophie und entwickeln neue Praktiken, die in unseren Verhaltensrichtlinien für Zulieferer festgehalten werden. Diese Richtlinien stellen die Mindestanforderungen dar, die Zulieferer erfüllen müssen, um Partner von IBM zu werden. IBM hat das

> Recht, Maßnahmen zu ergreifen, wenn sich die Zulieferer nicht an diese Anforderungen halten, und gegebenenfalls die Geschäftsbeziehung zu beenden.
>
> Unser Ziel ist, in Zusammenarbeit mit unseren Zulieferern die vollständige Umsetzung dieser Richtlinien zu erreichen und diese auf die gesamte Kette von Lieferanten anzuwenden, die in der Herstellung von Gütern und Dienstleistungen für IBM tätig sind. Diese Richtlinien und ihre Umsetzung kommen in unserem Auswahlverfahren zur Anwendung, und wir stellen durch aktive Beobachtung sicher, dass sie auch weiter umgesetzt werden.[52]

IBM war der erste US-Konzern, dessen europäische Filialen von Europäern und nicht von US-Amerikanern geführt wurden. Palmisano begründet die kulturelle Vielfalt so:

> Für IBM ist Vielfalt ein unternehmerisches Gebot. Unsere Kunden sind vielfältig, und wir müssen diese Vielfalt verstehen und wissen, wer diese Kunden sind, wie sie denken und was sie wollen. IBM kann nicht von sich behaupten, sich für den Erfolg jedes Kunden einzusetzen, wenn es diese Kunden nicht kennt. Und es kann diese Kunden nicht kennenlernen, wenn es keine Mitarbeiter aus diesen unterschiedlichen Gruppen hat.

Vielfalt ist ein Eckpfeiler der Innovation. Laut Untersuchungen von IBM war Innovation in der zweiten Hälfte des zwanzigsten Jahrhunderts für 50 Prozent des Wirtschaftswachstums in den USA verantwortlich. Früher fand Innovation in den westlichen Industrienationen statt und wurde in den Rest der Welt exportiert. Doch das hat sich geändert. Innovation ist heute in zweierlei Hinsicht global: Erstens kommen neue Produkte heute weltweit auf den Markt – Beispiele sind das Mobiltelefon und der PC. Zweitens verlangt Innovation Erkenntnis und Erfindung – Erkenntnis erfordert ein Verständnis des globalen Marktes, und Erfindung benötigt so viel konstruktiven und innovativen Input wie möglich. Ein Unternehmen mit einer vielfältigen Belegschaft ist in der Lage, mehr Perspektiven und Erkenntnisse zu entwickeln als eine weiße und männliche Monokultur. IBM hat die Erfahrung gemacht, dass rasche Innovation einen kooperativen, multidisziplinären und globalen Prozess erfordert. Die Zusammenarbeit über die Grenzen von Ländern und Kulturen hinweg erfordert Vertrauen unter den Mitarbeitern sowie zwischen dem Unternehmen und dem Markt. Vertrauen entsteht jedoch nur auf Grundlage des Respekts für andere.

Wenn ein Unternehmen Vielfalt zu einem seiner Ziele macht, hat dies zahlreiche Auswirkungen. Ein Beispiel für die Toleranz gegenüber unterschiedlichen kulturellen Praktiken sind die Gebetsräume, die IBM in Kanada und den USA für die zunehmende Zahl von muslimischen Mitarbeitern einrichtet, und die speziellen Waschräume, in denen sich die Muslime auf ihr Gebet vorbereiten können.

General Electric ist ein weiterer global führender Konzern, der sich in der ganzen Welt beheimatet sieht. Vorstandsvorsitzender Jeff Immelt erklärte: »Wir verpflichten uns auf hochwertige Leistung und gutes Weltbürgertum ... Jeden Tag kommen wir unserer Vorstellung dessen näher, was es heißt, ein guter und vertrauenswürdiger Bürger zu sein.« Die folgende Aussage belegt, dass General Electric zu demselben Schluss kam wie IBM:

> General Electric muss seinen Kunden ähnlicher werden. Das bedeutet mehr Chinesen, mehr Inder, mehr Schwarze und mehr Frauen vor allem im Topmanagement.

Wir sollten uns nichts vormachen: Es stellt eine große Herausforderung dar, ein effektives und harmonisches Verhältnis zwischen Angehörigen unterschiedlicher Kulturen zu schaffen. Das Problem

ist vor allem mangelndes Vertrauen. Wenn wir in einer bekannten Umgebung agieren, wissen wir, wem wir vertrauen können. Im Umgang mit Angehörigen fremder Kulturen aber fehlt uns diese Selbstsicherheit.

Viele Menschen haben jahrhundertelang immer wieder gehört, dass sie Angehörigen anderer Gruppen überlegen seien, und dass bestimmte Menschen eine Gefahr darstellen. Diese Vorurteile sind eine Realität, und ihre Beseitigung braucht Zeit. Manche behaupten, es würde Generationen dauern, doch das sehe ich anders. Globale Unternehmen zeigen, dass sich positive Ergebnisse relativ schnell einstellen können.

Wettbewerb als Mittel zum Zweck

Eine der Folgen der Globalisierung ist der zunehmende Wettbewerb. Konkurrenz schafft einen starken Anreiz, stark nachgefragte Güter zu einem günstigen Preis herzustellen. Doch Wettbewerb ist kein Zweck an sich, sondern lediglich ein Mittel. Das eigentliche Ziel ist die Schaffung von Wohlstand für alle. Warum ist es aber so schwer, für einen fairen Wettbewerb und eine gerechte Verteilung seiner Gewinne zu sorgen?

Wettbewerb schafft Wohlstand. Doch wenn es den Unternehmensführern nur darum geht, sich selbst so schnell wie möglich zu bereichern, ohne dabei die negativen Konsequenzen für andere zu bedenken, dann dient der Wettbewerb den falschen Zielen.

Wenn wir von ganz offensichtlich schlechten Handlungen wie dem Verkauf von schädlichen Produkten oder der Verbreitung von falschen Behauptungen über ein Produkt einmal absehen, dann wirken sich die folgenden drei Praktiken am negativsten auf den Wettbewerb aus: Beseitigung der Konkurrenz durch Schaffung eines Monopols, Preisabsprachen und Korruption. Diese Praktiken sind zwar in den meisten Ländern gesetzlich verboten, trotzdem sind sie weit verbreitet. Es ist die Aufgabe der Regierungen, diese Aktivitäten zu unterbinden und freien Wettbewerb zu ermöglichen.

Doch auch die Regierungen selbst sind an der Verzerrung des Wettbewerbs beteiligt, vor allem des globalen Wettbewerbs, indem sie die heimische Wirtschaft subventionieren und mit protektionistischen Gesetzen vor der Konkurrenz schützen. In den Industrienationen beschränken sich die Subventionen heute meist auf den Landwirtschaftssektor, und die Regierungen stehen vor dem Dilemma, dass ein rascher Abbau der staatlichen Unterstützung hohe Arbeitslosigkeit zur Folge haben könnte.

Ein weiterer wettbewerbsverzerrender Faktor ist die Lobby, mit der Unternehmen auf Regierungsvertreter einwirken. Unternehmen haben das Recht und die Pflicht, eine Regierung über die möglichen Auswirkungen einer geplanten staatlichen Maßnahme zu informieren. Doch meist übersehen die Unternehmen und ihre Lobbyisten die möglichen positiven Auswirkungen einer neuen Regelung für die Öffentlichkeit und betrachten sie allein aus ihrer eigenen Perspektive. Dies ist ein Beispiel für eine egozentrische und falsche Sichtweise.

Ein letzter Punkt zum Thema Wettbewerb: Viele Menschen sehen nur den Konkurrenzkampf und erkennen nicht, dass die Wirtschaft auch in großem Umfang Zusammenarbeit erforder-

lich macht. Die Konkurrenzfähigkeit eines Unternehmens hängt zu einem großen Teil von der Kooperation seiner Mitarbeiter ab. Zudem muss das Unternehmen mit einer Vielzahl von Zulieferern zusammenarbeiten. Schließlich kooperieren selbst Konkurrenten, etwa in Fragen der Sicherheit oder bei der Entwicklung von Produktstandards. Natürlich gibt es unfaire und unehrliche Wettbewerbspraktiken, doch es ist auch möglich, den Wettbewerb unter Beachtung von ethischen Standards zu führen.

Wenn wir der Realität ins Auge sehen, dann müssen wir anerkennen, dass der Wettbewerb ein fester Bestandteil unserer modernen Gesellschaft ist. Ich behaupte nicht, dass wir in diesem Buch Rezepte anbieten können, um den Wettbewerb für alle Beteiligten effektiv zu gestalten. Doch ich glaube, dass die zahlreichen Vorschläge, die wir bislang im Zusammenhang mit den Prinzipien der Rechten Anschauung und des Rechten Handelns gemacht haben, einen Beitrag zu einem positiveren Wettbewerb leisten können. Dies gilt auch für die Umweltprobleme der Welt.

Herausforderung Umwelt

Die globalen Unternehmen stehen vor der Aufgabe, eine Vorreiterrolle bei der Schaffung einer besseren Welt zu übernehmen. Dies zumal in einer Zeit, in der das rasche Bevölkerungswachstum und die Zunahme des durchschnittlichen Lebensstandards zusammentreffen und die Lebensfähigkeit unseres Planeten gefährden. Wenn wir nach Organisationen suchen, die über die erforderlichen Kapazitäten und Fähigkeiten verfügen, dann stehen die globalen Konzerne ganz oben auf der Liste. Vor allem integrierte Weltkonzerne sind in einer idealen Position, um Entwicklungsländer dabei zu unterstützen, den Anschluss an die Industrienationen zu finden. Globale Unternehmen verfügen über die Mittel und die Kompetenz, um Umweltprobleme zu lösen, wenn die Regierungen den richtigen Rahmen vorgeben.

Windkraft in Indien

Der indische Ingenieur Tulsi Tanti war Eigentümer und Manager einer kleinen Textilfabrik.[53] Der Betrieb wurde immer wieder durch die regelmäßigen Stromausfälle behindert. Also schaffte er zwei Windräder an, um Strom zu erzeugen und das Problem zu beheben. Im Jahr 2000 las er zum ersten Mal von der globalen Erwärmung. Er berichtet: »Plötzlich hatte ich eine klare Vision. Wenn wir Inder genauso viel Strom verbrauchen wie die Amerikaner, dann gehen der Welt bald die Rohstoffe aus. Entweder darf sich Indien nicht weiterentwickeln, oder wir brauchen eine Alternative.« Dies ist ein Beispiel für die Anwendung des Prinzips der Rechten Anschauung.

In Anwendung des Prinzips des Rechten Handelns verkaufte Tanti seine Textilfabrik und wurde auf dem Gebiet der Windenergieanlagen tätig. Im Jahr 2007 war er bereits weltweit der viertgrößte Hersteller von Windkraftwerken und erzielte einen Jahresumsatz von 850 Millionen US-Dollar. Er erklärt: »Grüne Geschäfte sind gute Geschäfte. Doch es geht nicht nur um Gewinne, sondern auch um verantwortliches Handeln.« Tanti begann mit dem Verkauf von Windkraftwerken, doch er erkannte bald, dass seine Kunden kein Interesse an den Turbinen selbst hatten:

Ihnen ging es um eine verlässliche Energieversorgung. Also stellte er sein Geschäftsmodell um, verkaufte Strom und kümmerte sich selbst um die Finanzierung, Installation und Wartung der Anlagen. Ohne diese Innovation wäre er niemals so erfolgreich geworden.

Schließlich gelang Tanti ein Geniestreich, als er im Jahr 2007 nach einer Übernahmeschlacht den deutschen Windenergieanlagenhersteller REpower Systems für 1,2 Milliarden Euro übernahm. Das französische Unternehmen Areva – mit 10,8 Milliarden Euro Jahresumsatz einer der mächtigsten Energiekonzerne der Welt, der von der französischen Regierung kontrolliert und von den fähigsten Managern Frankreichs geführt wird – besaß bereits 30 Prozent der Anteile von REpower Systems. Tanti erklärte: »Ich kann ein Unternehmen mit einer Rendite von 4 Prozent übernehmen und es in ein Unternehmen verwandeln, das 20 Prozent Rendite erwirtschaftet. Areva kann das nicht. Also wusste ich von Anfang an: Was immer sie bieten, ich kann mehr bieten.« Dies ist ein Beispiel für einen Satz des Buddha: »Der größte Schatz, den ein Mensch besitzen kann, ist sein Selbstvertrauen.«

Heute ist Tanti Chef eines wahrhaft globalen Unternehmens: Die Kraftwerke werden in den Niederlanden entworfen, die Turbinen werden in Deutschland hergestellt und Stahlkonstruktion und Installation kommen aus Indien. Alle Beteiligten haben profitiert. Tanti ist in Indien deshalb so erfolgreich, weil die Energieversorgung des Landes sehr schlecht ist. Die Verbraucher sind bereit, für zuverlässige Stromversorgung mehr zu bezahlen, als sie ausgeben würden, wenn Indien ein funktionierendes Energieversorgungssystem hätte. Staatliche Subventionen sind nicht nötig.

Emissionshandel in einer Gemeinschaft von Ausgestoßenen

Eine weitere Geschichte aus Indien zeigt, wie sich Bauern dank der Globalisierung aus einem Leben am Existenzminimum befreiten, einen angemessenen Lebensstandard erreichten und gleichzeitig einen Beitrag zur Bekämpfung des Treibhauseffekts leisteten.[54] Sie ist ein Beispiel dafür, wie innovatives Denken und die richtige Motivation außergewöhnliche Ergebnisse bringen kann. Die Beteiligten waren die Weltbank, eine Papiermühle, eine kleine indische Nichtregierungsorganisation und ein Anführer mit der richtigen Motivation und Begeisterung.

Schauplatz des Projekts ist eine der ärmsten Regionen Indiens, in der die Hälfte der Bevölkerung aus Kastenlosen besteht, den »Unberührbaren«, den Ärmsten der Armen, die zu 90 Prozent Analphabeten sind. Diese Menschen leben in chronischem Elend und äußerster Armut. Überraschenderweise liegen 60 Prozent ihres Landes brach. Im Rahmen des Projektes pflanzen die Bauern Bäume auf den unbewirtschafteten Feldern, verkaufen die Stämme an eine Papiermühle, verwenden die Äste als Feuerholz und erhalten Geld für die Emissionskredite, die sie durch die Aufforstung erwirtschaften. Das Projekt hatte ein Anlaufzeit von vier Jahren, soll schließlich 3500 Hektar umfassen und etwa 3000 Bauern einen Ausweg aus dem Elend bieten.

Ohne die Führung von Masabathula Satyanarayana, einem gelernten Förster, wäre der Plan gescheitert. Er erklärt: »Emissionshandel ist mein Spezialgebiet.« Er erkannte, dass er mithilfe des Emissionshandels Aufforstungen finanzieren und den Treibhauseffekt bekämpfen kann.

Zunächst musste eine geeignete Baumsorte gefunden werden.

Die Papiermühle, die ebenfalls vom Prinzip der Nachhaltigkeit überzeugt war, hatte eine Eukalyptussorte gewählt, die zur Papierherstellung geeignet war und der natürlichen Umwelt entsprach. Die Mühle sagte zu, die Bäume nach vier Jahren abzunehmen. Dank dieser Garantie konnten die Bauern einen Kredit aufnehmen. Ein Hindernis war der Mangel an Sachkenntnis und Selbstvertrauen der Bauern, doch dem ließ sich mit Ausbildung Abhilfe schaffen. Projektleiter Satyanarayana berichtet:

> Diese Bauern waren immer arm, genau wie ihre Vorfahren. Wenn sie ein Experiment wagen und scheitern, gibt es kein Sicherheitsnetz, es ist eine Katastrophe. Wir haben lange gebraucht, um ihr Selbstvertrauen aufzubauen und ihnen zu zeigen, wie es funktioniert.

Um das Projekt wirklich attraktiv zu machen, musste die Weltbank davon überzeugt werden, Emissionsrechte zu vergeben, die verkauft werden konnten. Es war ein langer und schwieriger Prozess, der beinahe gescheitert wäre, da die Weltbank die Ansicht vertrat, das Unternehmen verfüge nicht über ausreichende Managementkompetenz. Wieder war es Satyanarayana, der das Projekt mit seiner Hartnäckigkeit und seinem Selbstvertrauen rettete.

Beispiele wie diese machen Mut, doch es muss mehr geschehen, um eine Umweltkatastrophe abzuwenden. Wir alle tragen Verantwortung für das, was heute in der Welt passiert und was in der Zukunft passieren wird. Jeder von uns hat Einfluss auf die Entwicklung. Wenn wir uns für machtlos halten, befinden wir uns in einem Zustand der Verzweiflung. Doch Verzweiflung hat noch nie etwas bewirkt. Die Probleme der Welt kommen nicht von außen, sondern wir sind für sie verantwortlich

Wenn globale Unternehmen ihre universelle Verantwortung erkennen und annehmen, können sie einen Beitrag leisten, der weit über ihre Produkte und den direkten Nutzen für ihre Mitarbeiter, Kunden, Aktionäre und andere Stakeholder hinausgeht. Unternehmen und Regierungen können gemeinsam eine wichtige Rolle bei der Lösung von Umweltproblemen spielen und dazu beitragen, dass die Menschen ein größeres Interesse am Wohl anderer haben – nicht nur im eigenen Land, sondern in aller Welt.

Kapitel 8

UNTERNEHMERTUM UND ARMUT

Armut ist in den Schwellen- und Entwicklungsländern ein großes Problem. Doch Armut ist ein mentales Problem, keine Frage fehlender Rohstoffe oder Intelligenz. Wenn alle Menschen die Prinzipien der Rechten Anschauung und des Rechten Handelns anwenden würden, wäre das Ergebnis rascher Fortschritt.

Vier Voraussetzungen müssen erfüllt sein, um diesen raschen Fortschritt zu erzielen. Erstens muss die Regierung eines Landes motiviert sein, im Interesse aller Menschen zu handeln, und nicht nur im Interesse einer wirtschaftlichen oder politischen Elite. Zweitens muss das Wirtschaftssystem nach den Prinzipien einer verantwortlichen freien Marktwirtschaft ausgerichtet werden (siehe dazu auch Kapitel 9). Drittens müssen die gesetzlichen Regelungen das Unternehmertum fördern. Und viertens muss freiwillige Familienplanung eingeführt werden, um das Bevölkerungswachstum erfolgreich zu verlangsamen.

In der Folge wird die Bevölkerung von der Landwirtschaft in den Produktions- und Dienstleistungssektor abwandern, die Städte werden wachsen, und die Anzahl der Menschen, die in ländlichen Regionen leben und in der Landwirtschaft tätig sind, wird abnehmen. Extremes Elend konzentriert sich heute vor allem auf ländliche Regionen. Das Armutsproblem lässt sich nur bekämpfen, wenn die Menschen vom Land in die Städte umsiedeln. Dies ist jedoch nur möglich, wenn es in den Städten angemessene Beschäftigungsmöglichkeiten gibt. Wenn die Menschen nicht bereit sind, in die Städte zu ziehen und sich dort neue Arbeit zu suchen, ist die Lösung des Armutsproblems unmöglich. Dasselbe gilt für die Familiengröße.

Die Schaffung von Arbeitsplätzen ist nur mithilfe des Unternehmertums erfolgreich möglich. Buddha erkannte dessen Wert und ermunterte Unternehmer, durch Verlässlichkeit und Verkaufsgeschick den Erfolg zu suchen. Er riet ihnen außerdem, für schlechte Zeiten Geld auf die Seite zu legen und einen Teil ihrer Gewinne mit ihren Mitarbeitern zu teilen.

Nach buddhistischer Auffassung ist es die oberste Pflicht jedes Haushalts, für sich selbst zu sorgen. Erst danach kann sich ein Mensch um andere kümmern. Unternehmerischer Fortschritt ist nur durch Wertschöpfung möglich. Wie wir im vorhergehenden Kapitel am Beispiel der Aufforstung gesehen haben, wuchs der Wohlstand der Bauern, als sie zu den Lebensmitteln, die sie selbst aßen, zusätzlich Bäume anpflanzten. Wenn arme Bauern so weiterarbeiten wie heute, werden sie immer arm bleiben. Erfindungsreichtum kann zur Wertschöpfung beitragen, doch in den meisten Fällen benötigen angehende Unternehmer zusätzliches Kapital. Hätten die Bauern im vorigen Beispiel nicht den Vertrag mit der Papiermühle als Sicherheit vorweisen können, dann hätten sie auch keinen Kredit zur Aufforstung aufnehmen können, und das Projekt wäre gescheitert.

Eine Frau, die in einem Entwicklungsland von Hand Kleider näht, wird sehr arm bleiben. Wenn sie eine Nähmaschine anschafft, kann sie mehr Kleider herstellen und mehr Geld verdienen. Und wenn sie unternehmerisches Talent hat und mehr verkaufen kann, als sie produziert, kann sie weitere Näherinnen beschäftigen, und ihr Wohlstand mehrt sich. Es ist ein einfacher Prozess. Je größer der Maßstab, desto wichtiger werden Fachwissen und Bildung.

Unternehmertum ist eine ausgezeichnete Möglichkeit, für sich selbst und andere zu sorgen und einen angemessenen Lebensstandard zu erreichen. Arme Menschen verbrauchen wenig, da sie nur wenig verdienen. Wenn sie mehr verdienen, verbrauchen sie auch mehr. Unternehmertum ist mit Abstand die beste Möglichkeit, Menschen zu einem besseren Einkommen zu verhelfen und sie so zu aktiven Teilnehmern an der Wirtschaft zu machen. Regierungen können zahlreiche Maßnahmen ergreifen, um das Unternehmertum unter den Armen zu fördern, zum Beispiel indem sie den Bewohnern von Armenvierteln das Eigentum an ihrem Grund und Boden überschreiben oder indem sie die gesetzlichen Bestimmungen zur Unternehmensgründung lockern. Dies ist die Rechte Anschauung. Die falsche Anschauung wäre zu glauben, die Menschen in armen Ländern seien faul und arbeitsscheu und würden alles auf morgen verschieben.

Ganz gleich aus welchem Teil der Welt wir kommen, wir sind alle Menschen. Wir alle wünschen uns Glück und wollen Leid vermeiden. Wir teilen dieselben menschlichen Bedürfnisse und Sorgen. Jeder Mensch und jedes Volk wünscht sich Freiheit und Selbstbestimmung, und um dies zu erreichen, benötigen wir Möglichkeiten, dem Elend zu entkommen. Diese Bedürfnisse sind menschlich, und wir haben es selbst in der Hand, sie zu befriedigen.

Wechsel der Perspektive

Nachdem Indien im Jahr 1947 seine Unabhängigkeit erlangt hatte, verfolgte das Land eine Politik der Autarkie, das heißt, statt Produkte aus dem Ausland zu importieren, entwickelte es eigene Industrien und baute eine eigene Wirtschaft auf. Der Staat spielte bei der Umsetzung dieser Politik eine Schlüsselrolle, denn er entschied, welche Produkte erzeugt und wo Fertigungsanlagen errichtet werden sollten. Ohne Initiative oder Genehmigung der Behörden in Delhi war kaum unternehmerische Aktivität möglich, weshalb man auch vom System des »License Raj« sprach. Diese restriktive Politik war schließlich eine der Ursachen der Finanzkrise des Jahres 1991. Zur Bewältigung dieser Krise berief die Regierung Manmohan Singh, einen Sikh und promovierten Wirtschaftswissenschaftler von der Universität Oxford, zum Finanzminister. Singh nahm die Ernennung an und lieferte rasch eine Diagnose. Er erklärte dem Premierminister:

> Wir stehen am Rande des wirtschaftlichen Zusammenbruchs. Es ist durchaus möglich, dass es zum Zusammenbruch kommt, doch es besteht eine Chance, dass wir mit mutigen Maßnahmen einen Wandel erreichen und die Krise in eine Chance verwandeln können. Wir müssen diese Krise als Chance begreifen, ein neues Indien aufzubauen.[55]

Dann teilte Singh dem Parlament mit:

> Victor Hugo sagte: »Keine Macht der Welt kann eine Idee aufhalten, deren Zeit gekommen ist.« Wir können so vorgehen, wie wir es immer getan haben. Wir können den Gürtel enger schnallen, und noch enger und noch enger. Doch damit schaffen wir nur mehr Elend und Arbeitslosigkeit. Aber es gibt einen anderen Weg. Die Idee, deren Zeit gekommen ist, ist die, Indien zu einer großen globalen und wirtschaftlichen Macht zu machen. Die Alternativen sind wirtschaftliche Stabilisierung und ein glaubwürdiges strukturelles Anpassungsprogramm.

Worin bestand dieses glaubwürdige strukturelle Anpassungsprogramm? Das Programm sah vor, die Politik der Autarkie zu beenden, Indien für Importe zu öffnen und freies Unternehmertum zu fördern. In den Worten Dr. Singhs:

> Wir haben den Menschen und vor allem den Unternehmern in Indien die Regierung vom Hals geschafft. Wir haben Wettbewerb eingeführt, sowohl national als auch international. Wir haben dafür gesorgt, dass es sehr viel attraktiver und gewinnträchtiger geworden ist, Risiken einzugehen. Wir haben ein Umfeld geschaffen, das unternehmerisches Wachstum fördert. Wir haben eine Vielzahl von Regeln und Vorschriften abgeschafft, die in der Vergangenheit den Innovations- und Unternehmergeist erstickt haben, und wir haben die nationale und internationale Konkurrenzsituation verändert. Die Folge war, dass die Produktivität der indischen Industrie in den neunziger Jahren erheblich schneller gewachsen ist als je zuvor.

In einem Interview erklärte Dr. Singh später seine Vision:

> Mich leitete die Idee, dass wir trotz der Krise grundlegende Strukturveränderungen vornehmen sollten. Daraus sollte ein neues Indien entstehen, ein Indien ohne Armut, Ignoranz und Krankheit. Das erreichen Sie, wenn Indien zu einem wichtigen

Global Player der Weltwirtschaft wird. Diese Vision hat unsere wirtschaftlichen Reformen beflügelt.

Dr. Singh hatte einen überlebenswichtigen Politikwechsel vollzogen: Zur Schaffung von Arbeitsplätzen verließ er sich nicht mehr auf den Staat und seine Behörden, sondern auf die Unternehmer, und er räumte diesen dazu mehr Freiheiten ein. Er erkannte, dass der Erfolg nur möglich war, wenn drei zentrale Punkte erfüllt waren: Unternehmensgründungen mussten erleichtert, Eigentumsrechte geschützt und die Unabhängigkeit der Rechtsprechung garantiert werden. Auf diese drei Punkte werden wir im Laufe dieses Kapitels noch näher eingehen.

In seinen wirtschaftlichen Reformen stand Dr. Singh unter dem Eindruck dessen, was er in Südkorea beobachtet hatte. Südkorea hatte an einem ähnlichen Punkt begonnen wie Indien im Jahr 1950. Zusammen mit einigen anderen asiatischen Ländern hatte Südkorea seine Wirtschaft innerhalb von nur einer Generation von Grund auf verändert und dabei die chronische Armut beseitigt. Südkorea legte den Schwerpunkt auf die Schulbildung und das Gesundheitssystem, Prioritäten, die im Umbau Indiens nach der Entlassung in die Unabhängigkeit nicht gegriffen hatten.

Der Dalai Lama, der in Indien im Exil lebt, konnte die Entwicklung des Landes aus nächster Nähe beobachten.

Dr. Singh veränderte die Wirtschaftspolitik, die noch auf Nehru, den ersten Premierminister Indiens nach der Unabhängigkeit, zurückging. Ich habe Nehru mehrmals getroffen und war immer beeindruckt von der Güte, die er uns Tibetern, die in seinem Land im Exil lebten, in Worten und in Taten entgegenbrachte. Er machte auf mich den Eindruck eines hochintelligenten Mannes, dem alle Menschen in Indien am Herzen lagen. Deshalb gehe ich davon aus, dass er mit seinen wirtschaftlichen Maßnahmen die besten Absichten verfolgte.

Dr. Singh ist ein ausgezeichnetes Beispiel für die Fähigkeit, einen Wechsel der Perspektive vorzunehmen. Damit meine ich die Fähigkeit, ein Problem aus unterschiedlichen Blickwinkeln wahrzunehmen. Auf diese Weise kann jemand eine Bedrohung in eine Chance verwandeln, so wie Dr. Singh es tat. Wenn ich von einer Erweiterung des Horizonts spreche, dann meine ich genau diese Fähigkeit, eine Situation aus unterschiedlichen Perspektiven zu betrachten: aus persönlicher Sicht, aus Sicht der Gesellschaft, des Landes, der Wirtschaft, des Wohlergehens der Menschen, der Regierung und der Unternehmen sowie in kurzfristiger und in langfristiger Hinsicht.

Angesichts von Krisen von globalen Ausmaßen, wie etwa der Umweltzerstörung oder wirtschaftlichen Strukturproblemen, ist eine koordinierte Anstrengung vieler Menschen mit Verantwortungsbewusstsein und Engagement erforderlich. Veränderung muss natürlich mit dem Einzelnen beginnen, doch auf der Suche nach globalen Lösungen muss ein Problem sowohl vom Standpunkt des Einzelnen als auch von dem der gesamten Gesellschaft angegangen werden. Von Führungskräften verlangt diese Suche nach Lösungen die Entwicklung eines flexiblen und geschmeidigen Geistes. Angesichts von Problemen wie jenen, vor denen Dr. Singh stand, benötigt eine Führungspersönlichkeit ein hohes Maß an Wissen und Kompetenz, um die richtige Perspektive einzunehmen – und nach ihr zu handeln.

Die Förderung des Unternehmertums

Unter anderem müssen zwei Bedingungen gegeben sein, um das Unternehmertum zu fördern: Regierungen müssen die richtige Motivation haben, und sie müssen die richtigen Gesetze verabschieden sowie umsetzen. Diese beiden Aspekte hängen eng zusammen. Eine Regierung, die nicht die richtige Motivation mitbringt, wird auch nicht die richtigen Gesetze verabschieden – in Ländern, in denen dies der Fall ist, kann man oft beobachten, dass Regierungsangehörige in Luxus leben, während ringsum das Land in Armut versinkt. Die richtige Motivation bedeutet, dass die Regierung ihre Aufgabe darin sieht, sich um das Wohl aller Bürger zu kümmern, vor allem aber um das der Armen.

Förderung von Unternehmensgründungen

So merkwürdig es klingen mag, doch in armen Ländern ist es meist sehr viel schwieriger, ein Unternehmen zu gründen, als in wohlhabenden. In vielen Entwicklungsländern ist es nahezu unmöglich, auf legalem Wege ein Unternehmen zu gründen: Es dauert lange, ist kompliziert und kostet mehr, als ein angehender Unternehmer bezahlen kann. Der einzige Ausweg ist der Schwarzmarkt, der in Entwicklungsländern oft größer ist als der legale Markt. Diese Tatsachen sind nur allzu gut bekannt, doch Politiker in armen Ländern haben oft große Schwierigkeiten, die bestehenden Gesetze zu ändern. Grund sind unter anderem die wirtschaftlichen und berufsständischen Eliten, die ihr Geld mit der Vergabe von Genehmigungen für Unternehmensgründer verdienen – Anwälte, Genossenschaften und vor allem zahlreiche Behörden wollen alle bezahlt werden, ob offiziell oder inoffiziell.

Eine Regierung muss den Mut und das Selbstvertrauen aufbringen, diesen alteingesessenen Interessengruppen die Stirn zu bieten und im Interesse der gesamten Gesellschaft zu handeln. Die Angst der Anwälte und Beamten, sie könnten ihr Einkommen einbüßen, mag durchaus berechtigt sein, doch ihre Situation verbessert sich, wenn die erfolgreichen Unternehmen die Wirtschaft zum Blühen bringen. In wohlhabenden Ländern werden Juristen und Buchhalter schließlich gut bezahlt.

Schutz der Eigentumsrechte

Gesicherte Eigentumsverhältnisse und die Gewissheit, dass Gerichte diese Rechte schützen, sind in jedem Markt wichtige Voraussetzungen für Investitionen und Produktivitätssteigerungen. Unternehmen und Einzelpersonen verhalten sich anders, wenn ihnen die Produktionsmittel gehören, und sie fühlen sich sicher, wenn sie wissen, dass sie ihnen nicht durch willkürliche Entscheidungen des Staates weggenommen werden können. Nehmen wir den Fall Chinas. Unter der kommunistischen Planwirtschaft durften Privathaushalte kein Land besitzen, und die gesamte Produktion war Eigentum des Staates. Von diesem System hat sich China inzwischen verabschiedet. Heute können Bauern einen Pachtvertrag über dreißig Jahre abschließen und einen Teil ihrer landwirtschaftlichen Erzeugnisse auf einem mehr oder weniger freien Markt verkaufen. Das Ergebnis dieser Reform war eine deutliche Produktionssteigerung, die etwa zur Hälfte auf das neue Eigentumsrecht zurückzuführen ist.

Beim Besuch einer Großstadt in einem Entwicklungsland stechen dem Besucher oft sofort die Slums in den Außenbezirken ins Auge. Die Menschen, die hier leben, sind meist extrem arm und auf der Suche nach Arbeit vom Land in die Stadt gezogen. Sie leben unter primitivsten Bedingungen auf freiem Gelände, dessen Eigentumsverhältnisse meist ungeklärt sind.

Strom- und Wasserversorger weigern sich oft, ihre grundlegenden Dienstleistungen bereitzustellen, solange die Eigentumsverhältnisse nicht geregelt sind. Außerdem sind die Slumbewohner von kleinen Beamten abhängig, die Bestechungsgelder verlangen, damit sie die wilde Siedlung nicht räumen lassen. Wenn die Regierung oder die Stadtverwaltung beschließen würde, diesen Menschen die Eigentumsrechte an dem winzigen Stück Land zu übertragen, auf dem ihre Familie lebt, würde sich ihre Situation schlagartig verbessern. Und wenn sie erst einmal Eigentümer wären, würde es sich auch für sie lohnen, ihre primitiven Behausungen auszubauen.

Diese Veränderung kann mehr bewirken als ein Mikrokredit (auf den wir später noch eingehen werden) – der Wert des Landes liegt über dem einer Kleinanleihe, und Eigentum bietet zahlreiche Vorteile.[56] Doch die Umsetzung einer solchen Maßnahme verlangt von der Regierung einigen Mut, denn Beamte und andere profitieren davon, dass diesen armen Menschen selbst grundlegende Sicherheiten fehlen.

Das Eigentumsproblem beschränkt sich jedoch nicht nur auf privaten Grundbesitz, sondern betrifft auch das Recht auf Eigentum an Produktionsmitteln oder auf geistiges Eigentum. Viele Unternehmen glauben nicht, dass die Gerichte diese Rechte schützen. Eine Befragung der Weltbank ergab, dass in Indonesien, Tansania, Pakistan, Brasilien, Polen, Russland und Peru mehr als 50 Prozent der Unternehmer nicht darauf vertrauen, dass die Gerichte die Gesetze fair auslegen.[57] Die Weltbank stellte fest, dass dieses Misstrauen mit der Dauer zusammenhing, die nötig war, um einen Ver-

trag einzuklagen. In Ländern wie Pakistan und Brasilien kann die Durchsetzung von Eigentumsrechten Jahre dauern und Unsummen verschlingen.[58]

Im indischen Jaipur besuchte ich vor längerer Zeit ein Grundbuchamt. Die Akten stapelten sich drei Meter hoch und drei Meter tief, zwischen den einzelnen Stapeln konnte man nicht hindurchgehen. Dieses System machte es völlig unmöglich, die Eigentumsverhältnisse eines bestimmten Grundstücks zu klären. Es bestand nur die Möglichkeit, einen Beamten für die Suche nach den entsprechenden Dokumenten zu bezahlen. Glücklicherweise hat die indische Regierung dieses Problem inzwischen gelöst. Das Grundbuch liegt heute in elektronischer Form vor, und jeder kann gegen eine geringe Gebühr Einblick nehmen.

Das erinnert mich an eine angeblich wahre Geschichte über den Umgang mit dem Gesetz in einem abgeschiedenen Dorf im Himalaya. Zur Urteilsfindung bei Prozessen wendeten die Richter ein einfaches Verfahren an: Wer das meiste Schmiergeld zahlte, bekam Recht. Die Bestechungsgelder wurden dazu verwendet, Dorffeste auszurichten, zu denen alle Bewohner eingeladen wurden. Die Richter und andere Angehörige der Elite hatten allerdings die besten Plätze an der Festtafel, sie bekamen das beste Essen und die üppigsten Geschenke.

Der Schutz des Eigentums an Grund und Boden, Gebäuden und Ideen wirkt sich äußerst positiv auf die Verringerung der Armut aus und ist ein großer Anreiz, zu investieren und Arbeitsplätze zu schaffen. Trotzdem kommt die Entwicklung nur zäh voran. Regierungen müssen mit Entschlossenheit vorgehen, um ihre Eigentumsrechte zu verändern und darauf zu achten, dass die Gerichte diese neuen Gesetze schützen.

Ein gerechtes und funktionierendes Bankwesen

In einigen Ländern sind sämtliche Banken Staatseigentum. Diese Banken arbeiten nur selten effizient oder gerecht.

Als ich im Jahr 1991 zum ersten Mal nach Dharamsala kam, wo der Dalai Lama seinen Wohnsitz hat, gab es in der ganzen Stadt nur eine einzige Filiale der Indischen Staatsbank. Sie war an fünf Wochentagen täglich jeweils vier Stunden lang geöffnet, und wenn um 16 Uhr noch eine Schlange von Kunden auf der Straße stand, schlossen die Angestellten einfach die Türen. Selbst Ausländer wurden behandelt wie lästige Bittsteller. Das hat sich inzwischen jedoch völlig verändert. Heute gibt es mehrere private Banken, und Touristen können an sieben Tagen die Woche achtzehn Stunden lang Geld tauschen – der Service ist besser als in vielen reichen Ländern.

Große Banken bieten selten Kleinkredite an. Für Kleinstunternehmer, die oft nur geringe Summen benötigen, hat sich der Mikrokredit als ideale Lösung erwiesen. Das Konzept des Mikrokredits ist relativ neu und bietet Unternehmern, die für traditionelle Bankkredite zu arm sind, die Möglichkeit, Anleihen aufzunehmen.[59]

Es gibt zahlreiche Unterschiede zwischen einem Mikro- und einem traditionellen Bankkredit. Die wichtigsten sind:

- Die Idee des Mikrokredits schließt den Kredit als ein Menschenrecht ein.
- Es sind keine Sicherheiten oder Verträge erforderlich, Grundlage ist das Vertrauen zwischen den Beteiligten.

- Es werden alle Anstrengungen unternommen, die Zinsen niedrig zu halten, es geht nicht um Gewinne für Geldverleiher und Investoren, wie sie das übliche Kreditmodell vorsieht.[60]

Vereinfacht gesagt basiert der Mikrokredit auf der Überzeugung, dass arme Menschen Fähigkeiten besitzen, die nicht genutzt werden. Diese Menschen sind nicht arm, weil sie über mangelnde Kenntnisse verfügen, sondern weil sie keine Chance erhalten. Er basiert weiter auf der Annahme, dass arme Menschen vertrauenswürdig sind und ihre Kredite gewissenhaft zurückzahlen, vielleicht sogar gewissenhafter als andere, oft aus einem Gefühl der Dankbarkeit und des Pflichtbewusstseins. Die Widerlegung des Vorurteils, dass Arme unzuverlässig sind, ist einer der wichtigsten Schritte im Kampf gegen die Armut.

Über die vergangenen drei Jahrzehnte hinweg haben Muhammad Yunus und die Grameen Bank aus Bangladesh den Mikrokredit als ein entscheidendes Werkzeug zur Linderung der weltweiten Armut etabliert. Das Konzept war so erfolgreich, dass Yunus und die Bank im Jahr 2006 gemeinsam den Friedensnobelpreis erhielten. In der Begründung hieß es, »dauerhafter Friede kann nur erreicht werden, wenn große Teile der Bevölkerung Möglichkeiten finden, die Armut zu überwinden. Mikrokredite stellen eine solche Möglichkeit dar.«

Wir sollten jedoch nicht den Fehler machen zu glauben, dass Mikrokredite allein das Armutsproblem lösen können. Mikrokredite sind ein wichtiger Beitrag, doch die Voraussetzung für ein funktionierendes Unternehmertum ist ein effizientes und gerechtes allgemeines Bankwesen.

Eine weitere Organisation, die das Konzept des Mikrokredits verwendet und erweitert hat, ist Building Resources Across Communities (BRAC) aus Bangladesch. Diese Nichtregierungsorganisation wurde 1972 von Fazle Hasan Abed ins Leben gerufen, um Bangladesch, das nach dem Krieg mit Westpakistan am Boden lag, wieder aufzurichten. Die Ziele von BRAC sind »die Linderung der Armut und die Stärkung der Armen«. Für die Organisation sind Mikrokredite ein wichtiges Instrument, um den Teufelskreis der Armut zu durchbrechen, doch daneben bietet sie ihren Mitgliedern auch Kurse zur Unternehmensführung an und hilft ihnen bei der Vermarktung ihrer Produkte. Dieser ganzheitliche Ansatz legt einen besonderen Schwerpunkt auf Frauen, die die primären Versorgerinnen der Familien sind, und verbindet die Mikrokredite mit Gesundheitsfürsorge, Bildung und anderen Entwicklungsprogrammen.

Das wirtschaftliche Entwicklungsprogramm von BRAC betreut knapp fünf Millionen zumeist arme Menschen, in erster Linie Frauen. Es ist inzwischen in einem guten Dutzend Länder vertreten, darunter in Afrika, im Nahen Osten, in Afghanistan und in Sri Lanka. Das Programm beinhaltet nicht nur Kredite und Sparkonten, sondern auch Kurse zu Fragen der Menschenrechte und allgemeinen Rechtsthemen, Kliniken sowie Hausbesuche von freiwilligen Helfern. Das Gesundheits-, Ernährungs- und Bevölkerungsprogramm bietet mehr als 97 Millionen Menschen eine medizinische Grundversorgung, unter anderem zur Kontrolle von Infektionskrankheiten wie Tuberkulose, akuten Atemwegserkrankungen und Durchfall sowie medizinische Beratung und Prävention. Ein wichtiger Bestandteil der Armutsbekämpfung ist das Programm der nichtformellen Grundschulbildung. Im Rahmen dieses Programms entstanden etwa 50 000 Schulen. Diese werden überwiegend von Menschen besucht, die traditionell von der Schulbildung ausgeschlossen sind, vor allem Mädchen. Ein Entwicklungsprogramm für

junge Erwachsene bietet Berufsausbildungen, Gesundheitsfürsorge und Sexualaufklärung sowie Führungskurse.[61]

Verringerung des Bevölkerungswachstums

Im Jahr 2002 sandte ich zusammen mit 136 anderen geistigen Führern aus 31 Nationen – Katholiken, Protestanten, Muslimen und Hindus – einen Brief an US-Präsident Bush, in dem wir ihn baten, die Zahlungen für die Programme zur freiwilligen Geburtenkontrolle des Bevölkerungsfonds der Vereinten Nationen (UNFPA) nicht einzustellen. In diesem Brief schrieb ich: »Familienplanung ist ein wesentlicher Faktor, vor allem in Entwicklungsländern«. Der südafrikanische Erzbischof und Friedensnobelpreisträger Desmond Tutu erklärte: »Die Planung der eigenen Familie ist für jeden Christen eine Pflicht. Unsere Kirche ist der Überzeugung, dass wir wissenschaftliche Methoden zum Einsatz bringen sollten, um die Familienplanung zu unterstützen.«[62]

Dies ist nicht nur eine wirtschaftliche Frage. Es ist eine Frage der Freiheit und des Rechts der Frauen, selbst zu entscheiden, wie viele Kinder sie haben wollen. Kein Mann hat das Recht, eine Frau dazu zu zwingen, ein Kind zu bekommen, das sie nicht haben will.

Für den Buddhismus ist jedes Leben wertvoll. Doch die Bevölkerungsexplosion ist eine äußerst schwerwiegende Angelegenheit. Deshalb ist Familienplanung vor allem in Entwicklungsländern entscheidend.[63]

Wenn wir in den Zeitungen über die schrecklichen Auswirkungen von Epidemien, Naturkatastrophen, Bürgerkriegen, AIDS und Hun-

ger in armen Ländern lesen, dann könnten wir fast den Eindruck gewinnen, die Bevölkerung dieser Länder müsste stagnieren oder gar abnehmen. Das Gegenteil ist der Fall: Je ärmer ein Land, desto schneller wächst seine Bevölkerung.

Einige Beispiele:[64] Unter den wohlhabenden Industrienationen verzeichnen die USA das größte Bevölkerungswachstum. Im Jahr 2006 hatten die USA 300 Millionen Einwohner, genauso viel wie Pakistan, der Kongo und Äthiopien zusammen. Wenn wir davon ausgehen, dass die Geburtenrate (also die durchschnittliche Anzahl der Geburten pro Frau) in jedem dieser vier Länder konstant bleibt, dann haben die USA im Jahr 2050 schätzungsweise 420 Millionen Einwohner. Die Bevölkerung der anderen drei Länder wird dagegen auf 690 Millionen angewachsen sein, also 270 Millionen mehr als in den USA.

Sehen wir uns weitere Statistiken dieser drei Entwicklungsländer an. Die Kindersterblichkeit – also die Anzahl der Kinder, die innerhalb des ersten Lebensjahres sterben – liegt bei 8 Prozent. Die Lebenserwartung beträgt 46 Jahre. Und 80 Prozent der Menschen in diesen Ländern müssen von weniger als 2 US-Dollar pro Tag leben.

Diese Länder haben eine unzureichende Infrastruktur: Die Straßen sind schlecht, die Stromversorgung sporadisch, es herrscht Knappheit an sauberem Trinkwasser, es gibt kein Abwassersystem und nicht genügend Schulen, Krankenhäuser und Ärzte. Jedes dieser Länder muss in diesen Bereichen umfangreiche Investitionen tätigen und mehr qualifizierte Ärzte und Lehrer ausbilden, um der Bevölkerung einen angemessenen Lebensstandard zu ermöglichen, die Kindersterblichkeit zu verringern und die Lebenserwartung zu steigern. Mit der Zunahme der Bevölkerung wird auch die erforderliche Investition immer größer. Doch selbst reiche Nationen mit geringem Bevölkerungswachstum haben heute zunehmend

Schwierigkeiten, ihre Infrastruktur und ihr Gesundheitssystem zu finanzieren.

Sehen wir uns ein anderes Beispiel an. Im Jahr 2006 lebten in Deutschland 82,4 Millionen Menschen und in Äthiopien 75 Millionen. Im Jahr 2050 wird Deutschland schätzungsweise 75 Millionen Einwohner haben und Äthiopien 145 Millionen – mehr als Deutschland und Frankreich zusammen. Stellen Sie sich vor, was passieren würde, wenn die Bevölkerung Deutschlands sich bis zum Jahr 2050 verdoppeln würde!

China hat seine Geburtenrate erfolgreich gesenkt – im Jahr 2006 lag die Quote bei 1,6 Geburten pro Frau. Die Maßnahmen, mit denen dieser Rückgang erreicht wurde, waren jedoch drastisch. Heute darf jedes Paar nur ein Kind haben, weitere Schwangerschaften können mit Geldstrafen belegt werden, die Frauen werden zur Abtreibung angehalten oder gar zwangssterilisiert. Einem der ärmsten Bundesstaaten Indiens gelang es dagegen, die Geburtenrate genauso schnell zu senken wie China, allerdings mit den Mitteln der Aufklärung, nicht des Zwangs. Kerala liegt im Südwesten Indiens und hat etwa 35 Millionen Einwohner. In den fünfziger Jahren lag die Geburtenrate noch bei 4,4, im Jahr 1991 war sie auf 1,8 zurückgegangen. Wie schaffte Kerala das? Der Staat traf vier Maßnahmen: Er sorgte für eine gute medizinische Grundversorgung, erleichterte Frauen den Zugang zur Berufstätigkeit, forderte Männer auf, Frauen zu respektieren, und förderte offene und sachkundige öffentliche Diskussionen. Die entscheidenden Variablen waren Bildung, Arbeit und Gleichberechtigung von Frauen. Daraus folgt, dass sich die Geburtenrate auch ohne Zwang senken lässt, dass dazu jedoch tiefgreifende Veränderungen der Einstellungen und Werte erforderlich sind. Nach dem Prinzip der Rechten Anschauung sollte jedes Paar nicht mehr als

zwei Kinder haben, damit die Weltbevölkerung auf einem tragfähigen Niveau bleibt.

Der Dalai Lama ist besorgt angesichts der Armut und der Gefahr, dass der Welt die natürlichen Rohstoffe ausgehen könnten. Er erachtet das Leben als heilig, doch seiner Überzeugung nach erfordert es die heutige Situation der Welt im Allgemeinen und der Entwicklungsländer im Besonderen, die Geburtenrate zu senken.

Glücklicherweise sind die Regierungen in den meisten armen Ländern der Ansicht, dass ihre Geburtenraten zu hoch sind. Doch es fällt ihnen nicht leicht, etwas dagegen zu unternehmen. Dem Dalai Lama ist daran gelegen, dass die Reduzierung der Geburtenraten ausschließlich mit friedlichen Mitteln gelingt. Männer und Frauen müssen überzeugt werden, ihre Familien klein zu halten. Das Beispiel von Kerala könnte für viele Länder ein hilfreiches Modell sein. Die Reduzierung der Geburtenrate erfordert keine großen Investitionen – sie ist eine Frage der Bildung und der Veränderung von Einstellungen.

Zusammenarbeit von Unternehmen und Regierung

Die Lösung des Armutsproblems erfordert eine Kombination aus Maßnahmen der Zentralregierungen und der Regionalverwaltungen sowie die Unterstützung von wohlhabenden Nationen und verantwortungsbewussten globalen Unternehmen. Südkorea hat vorgemacht, dass ein Land innerhalb nur einer Generation erfolgreich gegen die Armut vorgehen kann, wenn die Regierung kompetent ist und den Transformationsprozess in die Hand nimmt. Nur eine Nationalregierung ist in der Lage, ein Umfeld zu schaffen, in dem das Unternehmertum florieren und die Armen aus ihrer inakzeptablen Not holen kann.

Globale Konzerne mit der richtigen Motivation können Lösungen finden, die ihnen selbst genauso nutzen wie den Ländern, in denen sie aktiv werden, vor allem den Armen dieser Länder. Ich begrüße es sehr, wenn wohlhabende Einzelpersonen und Unternehmen Geld für gemeinnützige Einrichtungen spenden. Doch die Veränderungen lassen sich schneller erzielen, wenn Unternehmen Arbeitsplätze schaffen und wenn sie durch Förderung des Unternehmertums armen Menschen helfen, ein Kleinunternehmen aufzubauen und Gewinne zu erzielen. Das Armutsproblem ist derart gravierend, dass es sich unmöglich binnen weniger Jahre lösen lässt. Umso wichtiger ist es, so viele Initiativen wie möglich einzuleiten, die es den Armen ermöglichen, einen angemessenen Lebensunterhalt zu verdienen.

Shakti in Indien

Unilever, ein globaler Hersteller von Nahrungsmitteln und Kosmetikartikeln, erreicht täglich Millionen von Kunden rund um den Erdball. Über seine unternehmerischen Ziele hinaus benennt der Konzern zwei wichtige Leitbilder: Wohlstand für das Unternehmen und die Gesellschaft in den Ländern, in denen es seine Produkte vermarktet, und die Minimierung der Umweltschädigung durch seine Aktivitäten.[65] Unilever hat erkannt, dass die Förderung des Unternehmertums unter den Armen entscheidend ist für die Schaffung von Wohlstand und die Bekämpfung der Armut. Der Konzern hat

insbesondere erkannt, welche Vorteile die Gründung neuer Unternehmen und die Schaffung von Arbeitsplätzen ihm und der jeweiligen Gesellschaft bringt.

Um seine Märkte zu vergrößern, wollte Unilever in Indien Millionen potenzieller Kunden in kleinen, entlegenen Dörfern erreichen, in denen es keine Vertriebsnetze, keine Werbemöglichkeiten, schlechte Straßen und kaum Transportmittel gibt. Zur Lösung des Problems rief Unilever im Jahr 2000 zusammen mit Nichtregierungsorganisationen, Mikrokreditbanken und Regionalverwaltungen das Projekt Shakti (»Stärke«) ins Leben. In vielen Dörfern hatten Frauen Selbsthilfegruppen gegründet. Unilever stellte diesen Gruppen das Projekt vor, um Frauen zu finden, die Unternehmerinnen werden wollten.

Wie Shakti funktioniert, lässt sich am besten anhand eines Beispiels darstellen. Rojamma, Tochter einer sehr armen Familie, wurde im Alter von 17 Jahren mit einem Mann verheiratet, der sie nach der Geburt zweier Töchter verließ. Rojamma arbeitete auf dem Feld ihrer Mutter, um sich ein paar Rupien zu verdienen, doch das war kaum genug zum Überleben. Unilever stellte ihrer Selbsthilfegruppe das Projekt vor und suchte Frauen, die seine Produkte im Dorf verkauften. Rojamma nahm die Arbeit an.

Zusammen mit den anderen Frauen besuchte Rojamma einen von Unilever ausgerichteten Kurs in Verkauf und Buchhaltung und wurde zu einer versierten Mikrounternehmerin. Das Unternehmen half ihr, zu günstigen Konditionen einen Kredit von 10 000 Rupien (umgerechnet 170 Euro) aufzunehmen, um sich eine Erstausstattung von Produkten kaufen zu können. Wenn Rojamma ihre Kunden besucht, bringt sie ihre Waren mit. Ihr Ziel ist ein Stamm von 500 Kunden. Jeden Monat verkauft sie Waren im Wert von 10 000 Rupien und erzielt dabei einen Gewinn von etwa 800 Rupien (das sind umgerechnet 14 Euro; zum Vergleich: Eine indische Landarbeiterin verdient im Durchschnitt 30 bis 40 Rupien pro Tag). Rojamma berichtet: »Als mein Mann mich verließ, hatte ich nichts außer meinen beiden Töchtern. Heute kennt mich jeder. Ich bin jemand. Meine Töchter können zur Schule gehen, was mir als Kind nicht möglich war.«

Im Jahr 2006 hatte Unilever das Projekt in 50 000 Dörfern etabliert und beschäftigte mehr als 30 000 Frauen. Bis zum Jahr 2010 will der Konzern 100 000 Shakti-Unternehmerinnen schaffen und 600 Millionen Menschen in 500 000 Dörfern erreichen.[66]

Innovation für das Gemeinwohl

Oxfam, eine der weltweit bekanntesten NGOs, führte zusammen mit Unilever eine Studie durch, um die Auswirkungen der Aktivitäten des Konzerns in Indonesien zu ermitteln. Dies war eine wichtige Untersuchung und eine der umfangreichsten Bewertungen, die ein Unternehmen und eine Nichtregierungsorganisation je zusammen durchführten.

Indonesien hat erhebliche Fortschritte zu verzeichnen. Mit 225 Millionen Einwohnern ist es ein sehr bevölkerungsreiches Land. Bei einer Geburtenrate von 2,4 wird das Land im Jahr 2050 etwa 285 Millionen Einwohner haben, knapp so viel wie die USA im Jahr 2006. Etwa die Hälfte der Bevölkerung lebt von weniger als 2 US-Dollar pro Tag – das entspricht ungefähr dem Niveau von China und liegt erheblich unter dem von Indien.

Oxfam und Unilever wollten in ihrem gemeinsamen Projekt bewerten und ermitteln, ob die Aktivitäten des Unternehmens der Armutsbekämpfung eher dienten oder schadeten.[67] Oxfams Haltung war geprägt von einer Mischung aus Optimismus und Skepsis hinsichtlich der Anstrengungen globaler Konzerne. Beide erkannten einander als ernstzunehmende Organisationen an und begegneten einander mit Respekt.

Die Untersuchung wurde über einen Zeitraum von mehr als einem Jahr hinweg durchgeführt und untersuchte die Auswirkungen der gesamten Wertschöpfungskette, von den Beziehungen zu kleinen Herstellern und Kunden mit niedrigem Einkommen über Beschäftigungspraktiken bis hin zu den Auswirkungen auf die jeweiligen Gemeinden.[68] Am Ende verstanden Unilever und Oxfam sehr viel besser, welche Möglichkeiten und Grenzen ein Unternehmen bei der Armutsbekämpfung hat.

Die Untersuchung stellte fest: »Von dem insgesamt geschaffenen Wert verteilen sich zwei Drittel auf andere Teilnehmer als Unilever Indonesien, also auf Hersteller, Zulieferer, Zwischenhändler, Verkäufer und die indonesische Regierung.« Sie kam jedoch zu folgendem Schluss:

> Die Beteiligung an einer Wertschöpfungskette wie der von Unilever Indonesien hat für Menschen, die in Armut leben, nicht automatisch eine Verbesserung der Lebensumstände zur Folge. Um den Nutzen dieser Ketten für arme Menschen zu vergrößern, müssen andere soziale Einrichtungen und Ressourcen vorhanden sein, etwa Kredit- und Sparmöglichkeiten, Vermarktungsverbände und Versicherungen.

Oxfam erkannte:

> Viele Unternehmen sehen ihren Daseinszweck nach wie vor in der Profitmaximierung, doch wir haben von Unilever gelernt, dass unternehmerische Entscheidungen selten allein auf einer gewinnorientierten Berechnung basieren. Die Vorstellung, das Geschäft eines Unternehmens sei das Geschäft, ist veraltet. Es

gibt viele Möglichkeiten, Innovationen für das Gemeinwohl zu entwickeln.

Dies ist ein Beispiel für zwei Organisationen, die aus unterschiedlichen Richtungen kommen und die Realität so sehen, wie sie ist. Sie wollten der Wahrheit auf den Grund gehen und überwanden die Befürchtung, dass das Projekt ihrem Ruf schaden könnte.

Die gegenseitigen Abhängigkeiten in Unilevers Beziehungen in Indien und Indonesien sind offensichtlich. Sie sind ein gutes Beispiel für die Umsetzung der Rechten Anschauung. Es wäre einseitig, nur den Gewinn zu sehen, den Unilever erzielt – auch die übrigen Beteiligten profitieren. Man könnte sagen, dass dieses System nur aufgrund der Gewinne überhaupt funktioniert. Sobald auch nur ein Glied der Versorgungskette ein Verlustgeschäft macht, ist das gesamte System in Gefahr.

Ebenso interessant finde ich die Bereitschaft, Wissen zu teilen. Teilen bedeutet, dass ein Mensch sich dafür oder dagegen entscheiden kann, sein Wissen an andere weiterzugeben. Unilever gibt in großem Umfang Wissen weiter: über das Unternehmertum, die Herstellung von Qualitätsprodukten oder die Entwicklung effizienterer Methoden. Dieser Wissenstransfer nutzt den Empfängern genauso wie Unilever. Man kann jedoch nicht sagen, dass Unilever seine Gewinne mit anderen teilt: Alle Beteiligten des Systems machen mit ihrem jeweiligen Unternehmen einen Gewinn und teilen den Mehrwert, den sie zusammen mit Unilever geschaffen haben.

Regulierung und Freiheit

Es ist eine interessante Vorstellung, dass Freiheit und Regulierung zusammengehen könnten. Was für die einen Freiheit bedeutet, könnte für die anderen eine Einschränkung sein. Beispielsweise stellen die strengen Auflagen, die ein Pharmaziehersteller vor der Markteinführung eines Produkts erfüllen muss, eine erhebliche Einschränkung für das Unternehmen dar. Nach der Entwicklung eines neuen Präparats können fünf bis zehn Jahre vergehen, ehe das Produkt im Handel verkauft werden darf. Während dieses Zeitraums muss das Medikament an einer immer größeren Zahl von Versuchspersonen getestet werden. Dies ist aus Sicht der Verbraucher jedoch sehr zu begrüßen, weil sie das Medikament einnehmen können, ohne sich um mögliche Gefahren sorgen zu müssen. Die Regulierungsmaßnahmen, die immer Einschränkungen für eine Gruppe bedeuten, sichern die Freiheit anderer. Deshalb ist es vermutlich so schwierig, Regulierungsmaßnahmen zu entwickeln, die es allen recht machen.

Wir Buddhisten machen uns nur selten Gedanken über die Grenzen der Freiheit. Wir sind überzeugt, dass Menschen, die mit der Rechten Motivation handeln, ihre Freiheit nicht ausnutzen werden. Wenn wir von Freiheit sprechen, meinen wir damit in erster Linie, dass wir uns von schlechten Angewohnheiten, schlechten Gedanken oder schlechter Motivation befreien. Wir sind nur dann frei, wenn wir nicht mehr unter negativen Gedanken und Emotionen leiden. Ich erkenne natürlich, dass ein Land Gesetze benötigt, um dieser Freiheit Grenzen zu setzen. Doch wir sollten nicht vergessen, dass viele dieser Grenzen gar nicht erst überschritten würden, wenn die Menschen verantwortungsbewusst handeln würden. Verantwortungsbewusstes Handeln erfordert mehr als Gesetzestreue. Ich fand es erfreulich zu sehen, dass viele Unternehmen in ihren Leitbildern festschreiben, dass sie sich nicht nur an die Buchstaben, sondern auch an den Geist der Gesetze halten wollten.

Viele Menschen wünschen sich grenzenlose Freiheit. Doch Freiheit ohne Verantwortung ist nicht akzeptabel und sogar gefährlich. Absolute Freiheit würde bedeuten, dass immer die Stärksten entscheiden, ganz gleich ob sie Recht haben oder nicht. Einige politische Führer und selbst Intellektuelle haben behauptet, es sei ein grundlegender Fehler, die Schwachen zu schützen, da dies zum Niedergang der menschlichen Art führe. Vorstellungen wie diese waren beispielsweise unter der Diktatur Adolf Hitlers verbreitet, der glaubte, die stärkste Nation solle herrschen und über Recht und Unrecht entscheiden.

Aus buddhistischer Sicht haben alle Menschen denselben Anspruch auf Gerechtigkeit und einen angemessenen Lebensstandard, unabhängig von ihren körperlichen und geistigen Fähigkeiten und Stärken. Unser Tun sollte auf den Prinzipien des Rechten Handelns und der Rechten Anschauung basieren. Die buddhistische Sichtweise erkennt an, dass es Richtlinien geben und dass deren Einhaltung überwacht werden sollte. Natürlich sind weniger Richtlinien nötig, wenn wir nach den Grundsätzen des Rechten Handelns und der Rechten Anschauung leben. Buddhisten sind sich darüber im Klaren, dass sich viele Menschen nicht an diesen Prinzipien orientieren, und dies macht strengere Richtlinien erforderlich, als sie andernfalls nötig wären. Selbstkontrolle ist immer besser, doch sie reicht nicht aus.

Viele der Probleme unserer Welt haben letztlich ihren Ursprung in wirtschaftlicher, politischer oder gesellschaftlicher Ungleichheit und Ungerechtigkeit. Letztlich betrifft diese Frage das Wohl aller Menschen. Ob das Leid daher rührt, dass ein Teil der Welt in Armut lebt oder einem anderen Teil der Welt Freiheit und politische Grundrechte vorenthalten werden – wir sollten diese Ereignisse nie isoliert voneinander betrachten. Letztlich sind ihre Auswirkungen überall zu spüren.

Die Welt wird immer kleiner, und alles hängt von allem anderen ab. Die Interessen der anderen sind in Wirklichkeit auch unsere eigenen Interessen. Wenn andere leiden, leiden letztlich auch wir.[69]

Es ist wichtig, dass Organisationen – ob Unternehmen, gemeinnützige Einrichtungen oder Regierungen – eine Führungsrolle bei der Beseitigung der großen wirtschaftlichen Ungleichgewichte übernehmen. Ich glaube, es ist an der Zeit, diese globalen Probleme im klaren Bewusstsein der Einheit der gesamten Menschheit und der grundlegenden Vernetzung der modernen Welt anzugehen.[70]

Kapitel 9

DIE VERANTWORTLICHE FREIE MARKTWIRTSCHAFT

Der menschliche Wunsch nach Freiheit und Glück lässt sich nicht unterdrücken. Die Hunderttausende, die vor wenigen Jahrzehnten in den Straßen der osteuropäischen Städte demonstrierten, die unerschütterliche Entschlossenheit der Menschen in meiner Heimat Tibet und die jüngsten Demonstrationen in Burma führen uns dies in eindrucksvoller Weise vor Augen. Wie wir in Kapitel 8 gesehen haben, ist Freiheit der eigentliche Quell der menschlichen Kreativität und Entfaltung. Es reicht nicht, die Menschen mit Nahrung, Unterkunft und Kleidung zu versorgen, wie die kommunistischen Systeme einst meinten. Wenn unsere materiellen Bedürfnisse befriedigt sind, wir aber nicht die wertvolle Luft der Freiheit atmen können, die unser tieferes Wesen nährt, dann sind wir nur halb Mensch.[71]

Was in Tibet passiert, kommt meiner Ansicht nach einem kulturellen Völkermord gleich, denn die Identität der Tibeter soll systematisch getilgt werden. Ihr einmaliges kulturelles Erbe, ihre Sprache, Bräuche und Traditionen sind im Verschwinden begriffen. In Tibet gibt es weder religiöse Freiheit noch politische Autonomie, obwohl die chinesische Verfassung diese Grundrechte garantiert. Seit nahzu sechs Jahrzehnten leben die Tibeter in Angst, Einschüchterung und Misstrauen unter der chinesischen Unterdrückung. Trotzdem haben sie sich ihren Freiheitswillen erhalten. Meiner Ansicht nach sind die Demonstrationen und Proteste in Tibet ein spontaner Ausbruch des Unwillens, der sich über die Jahrzehnte der Unterdrückung angestaut hat. Ich bitte sowohl Tibeter wie China, keine Gewalt anzuwenden. Unsere einzige Waffe und unsere einzige Stärke sind Gerechtigkeit und Wahrheit. Wenn die Mehrheit der Tibeter zur Gewalt greifen sollte, bliebe mir nur die Wahl, als Sprecher des tibetischen Volkes abzutreten.

Dank seines wirtschaftlichen Fortschritts ist China im Begriff, zu einer Weltmacht aufzusteigen. Dieser Fortschritt ist zu begrüßen, doch er allein reicht nicht aus. Es muss Verbesserungen hinsichtlich der Einhaltung von Gesetzen, der Transparenz, Informationsfreiheit und freien Meinungsäußerung geben.

Ein freiheitliches, demokratisches System ist deshalb meiner Ansicht nach dasjenige, das am meisten zu unserem kollektiven Glück beiträgt und das geringste Risiko eines groben Machtmissbrauchs birgt. Die Demokratie schafft ein System der gegenseitigen Kontrolle der staatlichen Institutionen, mit dessen Hilfe sich geeignete Maßnahmen ergreifen lassen, wenn sich ein Amtsträger als falsch motiviert oder inkompetent erweist. In der Demokratie besteht die Aufgabe der Regierung darin, den Menschen zu dienen, nicht umgekehrt, und sich dabei verantwortungsbewusst zu verhalten.

Buddha maß der Freiheit große Bedeutung bei und betonte die Wichtigkeit der freien Entscheidung und Verantwortung. Außerdem betonte er immer wieder die Wichtigkeit der Disziplin, weil er überzeugt war, dass größere Disziplin weniger Leid und mehr Glück bedeutet. Glück ist ein zentraler Wert der Menschen. Freiheit von Zwang ist eine zentrale Voraussetzung des Glücks. Wenn beispielsweise Einzelpersonen und die Presse kein Recht auf freie Meinungsäußerung haben, bemerkt die breite Öffentlichkeit vermutlich nicht, wenn ihre Meinung von der Regierung manipuliert wird oder wenn ein Unternehmen durch verantwortungsloses Verhalten großen Schaden angerichtet hat. Eine Demokratie hat den zusätzlichen Vorteil, dass sie in öffentlichen Diskussionen alternative Handlungsmöglichkeiten erörtern kann. Auf diese Weise ist die Bevölkerung besser informiert, und es lassen sich neue Lösungsansätze finden. Ich spreche allerdings über funktionierende Demokratien, nicht über Einparteiendemokratien, Demokratien, in denen ein Einzelner für alle Zeiten herrscht, oder Demokratien, deren Staaten im Chaos versinken. Ich erkenne auch, dass der Übergang von einer nichtdemokratischen Regierungsform zu einer Demokratie eine große Herausforderung darstellt.

In den vorangegangenen Kapiteln haben wir beschrieben, wie Führungskräfte ihre Fähigkeiten weiterentwickeln und durch geistiges Training zu einer disziplinierten Entscheidungsfindung kommen können. Wir haben erörtert, wie es solchen Führungskräften möglich ist, die Werte und Ziele eines Unternehmens zu gestalten. Und wir haben gesehen, welche Fortschritte führende Unternehmen auf dem Gebiet der gesellschaftlichen Verantwortung, des Umweltschutzes und der Armutsbekämpfung machen.

Den Rahmen dafür bilden jeweils die politischen und wirtschaftlichen Systeme.

Der Dalai Lama und ich haben viele Gespräche darüber geführt, welche wirtschaftlichen und politischen Ordnungen den Rahmen bilden, in dem sich visionäre Führungspersönlichkeiten und Unternehmen am besten entfalten können. Seine Heiligkeit vertrat die Auffassung, dass das erfolgreichste System auf der Freiheit basieren müsse, aber auch auf dem Mitgefühl und der Sorge für das Wohl aller, die in ihm leben. Er kam zu dem Schluss, dass die freie Marktwirtschaft das Potenzial habe, der Rahmen für ein solches System zu sein.

Sozialismus und freie Marktwirtschaft

Lange fühlte ich mich zu einer sozialistischen oder kommunistischen Wirtschafts- und Gesellschaftordnung hingezogen, da ich davon ausging, dass diese sich Gerechtigkeit und einen angemessenen Lebensstandard für alle zum Ziel gesetzt habe. Mir gefiel der Grundsatz der Gleichheit, denn diese Systeme dulden keine extremen Unterschiede zwischen den Menschen. Sie machen es sich vielmehr zum Ziel, die Armut zu beseitigen und die Brüderlichkeit unter den Menschen im eigenen Land sowie die Solidarität mit den Menschen anderer Nationen zu fördern. Im Laufe der Zeit musste ich jedoch erkennen, dass die kommunistischen Länder dieses Ziel nicht erreichten, ja, dass sie es nicht einmal versuchten. Im Gegenteil, die Entwicklung kam zum Stillstand, die Meinungsfreiheit wurde abgeschafft. Zwar glaube ich nach wie vor, dass die ursprünglichen Ziele richtig sind, doch ich sehe auch die Schwächen dieser Systeme.

Mein Verständnis des Kommunismus vertiefte sich durch meine Begegnungen mit dem Großen Vorsitzenden Chinas, Mao Tse-tung. In der persönlichen Begegnung beeindruckte mich Mao auf vielfältige Weise. Als er mir das kommunistische System erklärte, erkannte ich nicht, dass es sich um ein autoritäres Regime mit einer zentralen Planwirtschaft handelte. Er stellte es vielmehr als eine Wirtschafts- und Gesellschaftsordnung dar, in der Arbeiter nicht mehr von Kapitalisten ausgebeutet werden, und dem stimmte ich uneingeschränkt zu. Mir war nicht klar, dass die Abschaffung des Privateigentums dazu führte, dass sämtliches Eigentum in den Besitz des Staates überging, der von einer Parteielite geführt wurde, die wiederum ihre repressive, autoritäre Herrschaft ausübte wie die Aristokraten der Vergangenheit. Heute wissen wir natürlich, dass dies zu zahllosen Verstößen gegen die Menschenrechte führte.

Mao lud mich unter anderem ein, an einer Kabinettssitzung teilzunehmen. Ich erinnere mich noch deutlich daran, wie er die Kabinettsmitglieder um Vorschläge zur Verbesserung der Regierungsarbeit bat. Keiner der Anwesenden sagte auch nur ein Wort. Dann las Mao einen Brief vor, den er erhalten hatte und der viele schwerwiegende Probleme beschrieb, unter denen das chinesische Volk zu leiden hatte. Er wirkte auf mich wie jemand, der ein ehrliches Interesse am Wohl des chinesischen Volkes hatte. Seine Persönlichkeit machte großen Eindruck auf mich, und eine Zeit lang bewunderte ich ihn sogar. Meine Meinung änderte sich, als er mir erklärte, Religion sei ein Gift. Er wusste, dass ich Buddhist war, und seine Bemerkung machte mir klar, dass die Freundschaft, die er mir zeigte, nicht ehrlich gemeint war.

Durch diesen Prozess des Zuhörens und Beobachtens fasste ich zunehmend Vertrauen in die freie Marktwirtschaft. Natürlich gibt es auch hier ein großes Missbrauchspotenzial, doch die Tatsache, dass sie Freiheit und Vielfalt zulässt, überzeugte mich, dass sie eine geeignetere Ausgangsbasis darstellt. Natürlich bin ich nach wie vor der Auffassung, dass wir einen angemessenen Lebensstandard für alle anstreben sollten, und ich bin gegen die These vom »Überleben des Stärkeren«, wie sie die freie Marktwirtschaft häufig vertritt. In dieser Hinsicht können wir auch vom Sozialismus lernen.

Heute haben sich die meisten Staaten für eine Spielart der freien Marktwirtschaft entschieden. Autoritäre Wirtschaftssysteme sind so gut wie verschwunden. Doch wie das Beispiel Chinas zeigt, geht es nicht nur einfach darum, sich für eine bestimmte Wirtschaftsform zu entscheiden.

In den vergangenen Jahrzehnten hat China den wirtschaftlichen Reformen Vorrang gegenüber den politischen gegeben. Die chinesische Führung verabschiedete sich von der autoritären Planwirtschaft und reduzierte das Staatseigentum an Produktionsmitteln. Sie benannte vier Bereiche, in denen das Land modernisiert werden sollte: Landwirtschaft, Industrie, Militär sowie Wissenschaft und Technologie.[72] Landwirtschaftliche Produktionsgenossenschaften wurden aufgelöst, die Bauern konnten Land pachten und ihre Ernte auf dem Markt verkaufen. Es wurden Sonderwirtschaftszonen wie Shenzhen und Xiamen eingerichtet, in denen ausländische Investitionen erleichtert und neue Fabriken errichtet wurden. Das Militär

wurde modernisiert, die Zahl der Soldaten verringert und die Militärtechnologie durch fortschrittliche Waffensysteme verbessert. Zur Förderung der Wissenschaft und Technologie wurden Tausende Studenten ins Ausland, vor allem in die USA geschickt, um Naturwissenschaften und Ingenieurwesen zu studieren.

Obwohl China heute mit großem Erfolg eine Politik der Marktwirtschaft verfolgt, geriet das Land in den letzten Jahren verstärkt in die Kritik. Menschenrechtsfragen sind nach wie vor ein Problem. Die staatliche Regulierungs- und Geldpolitik bleibt hinter den Standards anderer Marktwirtschaften zurück. Mit anderen Worten, China verbindet eine kommunistische Einparteienherrschaft mit einer freien Marktwirtschaft. Der Lebensstandard ist zwar gestiegen, doch die Armut ist nach wie vor weit verbreitet, und grundlegende Freiheiten werden unterdrückt.

Lektionen von Adam Smith

Im Jahr 1776 veröffentlichte Adam Smith sein Buch *Wohlstand der Nationen. Eine Untersuchung seiner Natur und seiner Ursachen.* Smith schrieb dieses Buch, um Regierungen zu »unterweisen«, welche Maßnahmen sie ergreifen sollten, und vertrat darin die Auffassung, die Gesellschaft habe die moralische Verpflichtung, dafür zu sorgen, dass alle Bürger, vor allem die Arbeiter, einen angemessenen Lebensstandard hätten. Smith kam zu dem Schluss, dass dies nur durch eine freie Marktwirtschaft erreicht werden könne, wobei »frei« für ihn bedeutete, dass die Bürger innerhalb eines vom Staat geschaffenen Systems ungehindert Waren und Dienstleistungen kaufen und verkaufen konnten.[73] Diese Theorie basierte auf zwei Erkenntnissen: erstens, dass Wohlstand am effektivsten durch Wettbewerb zu schaffen ist, und zweitens, dass effektiver Wettbewerb nur unter staatlicher Aufsicht möglich ist. Diese beiden Beobachtungen treffen bis heute zu.

Zu Adam Smiths Zeiten sah die Regierung ihre Aufgabe jedoch nicht darin, für einen freien Wettbewerb zu sorgen. Regierungen schützten die einheimische Wirtschaft durch Importzölle, Einfuhrbeschränkungen und andere Handelsbarrieren vor der ausländischen Konkurrenz. Handelsbeschränkungen wie diese gibt es bis heute. Adam Smith beobachtete, dass Unternehmen versuchten, den Wettbewerb zu unterbinden und die Regierungen davon zu überzeugen, dass der Schutz vor der ausländischen Konkurrenz in nationalem Interesse sei. Dies hatte zwei negative Auswirkungen: Erstens wurde so die Kaufkraft vor allem der Menschen mit niedrigen Einkommen geschwächt, und zweitens hatten Unternehmen kein Interesse an Innovationen, solange sie auch ohne zusätzliche Anstrengungen und Leistungssteigerungen zufriedenstellende Gewinne erzielen konnten.

Smith stellte außerdem fest, dass sich Unternehmen in bestimmten Branchen oft zu Verbänden zusammenschlossen, um Druck auf die Regierung auszuüben und sich auf diese Weise Vorteile zu verschaffen, für die die gesamte Gesellschaft zahlen musste. Sie trafen häufig Absprachen, um gleichzeitig Preise anzuheben oder um die Produktion so weit zu drosseln, dass sie hinter der Nachfrage zurückblieb, und sie die Preise erhöhen konnten. Es war die Aufgabe der Regierungen, diesem Druck vonseiten der Unternehmen zu widerstehen und die Preisabsprachen zu unterbinden. Doch nicht nur die Unternehmen übten Druck auf die Regierung aus, den Wettbewerb zu verhindern, sondern auch Berufsverbände und in Zünften organisierte Handwerker. Smith war nicht grundsätzlich gegen

solche Interessenverbände, doch er warnte die Regierungen, dass diese Organisationen nicht am Wohl der Allgemeinheit interessiert seien, sondern nur an ihrem eigenen. Er erklärte: »Wenn Menschen oder Unternehmen ihr Eigeninteresse auf Kosten der Öffentlichkeit voranbringen können, dann werden sie dies auch tun.«

Smith erkannte dieses Eigeninteresse als »unsichtbare Hand«:

> **Wenn [jeder Einzelne] es vorzieht, die nationale Wirtschaft anstatt die ausländische zu unterstützen, denkt er eigentlich nur an die eigene Sicherheit, und wenn er dadurch die Erwerbstätigkeit so fördert, daß ihr Ertrag den höchsten Wert erzielen kann, strebt er lediglich nach eigenem Gewinn. Und er wird in diesem wie auch in vielen anderen Fällen von einer unsichtbaren Hand geleitet, um einen Zweck zu fördern, den zu erfüllen er in keiner Weise beabsichtigt hat ... Nicht vom Wohlwollen des Metzgers, Brauers und Bäckers erwarten wir das, was wir zum Essen brauchen, sondern davon, daß sie ihre eigenen Interessen wahrnehmen.[74]**

Der Dalai Lama erkennt die Gefahren dieses Eigeninteresses.

Adam Smith spricht davon, den moralischen Sinn zu entwickeln, indem man sich in die Lage des anderen versetzt. Im Buddhismus sprechen wir vom »Gleichsetzen und Austauschen von Ich und anderen«. Leider erklärte Adam Smith nicht, dass es sich hierbei um eine Fähigkeit handelt, die geschult werden muss. Obwohl er großes Interesse an moralischen Fragen hatte und auf diesem Gebiet zu zahlreichen Erkenntnissen gelangte, war Smith der Ansicht, dass Wettbewerb und staatliche Regulierung allein Wohlstand für alle bringen müssten. Er vergaß, darauf zu bestehen, dass dazu auch Rechtes Handeln erforderlich ist. Wettbewerb und Regulierung allein schaffen noch keinen angemessenen Lebensstandard für alle.

Adam Smith und andere Wirtschaftswissenschaftler haben sich vor allem mit der Frage beschäftigt, wie Wohlstand *entsteht*, doch sie bieten keine Antworten auf die Frage, wie er sich *verteilen* lässt. Karl Marx betrachtet die Frage dagegen vom entgegengesetzten Standpunkt: Ihm ging es lediglich um die Verteilung, nicht um die Schaffung von Wohlstand. Meiner Ansicht nach sind die richtige Schaffung und die gerechte Verteilung von Wohlstand gleichermaßen wichtig. Um beide Ziele zu erreichen, sind die richtigen Maßnahmen und die Umsetzung der Prinzipien der Rechten Anschauung und des Rechten Handelns erforderlich.

Adam Smith war seiner Zeit in vieler Hinsicht voraus. Seiner Ansicht nach hatte der Staat zahlreiche Aufgaben, darunter den Aufbau einer Infrastruktur, den rechtlichen Schutz des Eigentums und die Schaffung eines effektiven Rechtssystems – Themen, die wir in Kapitel 8 besprochen haben. Den Gesetzen zum Schutz des Eigentums maß er einen besonderen Stellenwert bei, da sie es überhaupt erst attraktiv machten, zu investieren, zu sparen und seinen Lebensstandard zu verbessern.

Ähnlich wie der Dalai Lama war Adam Smith besorgt, dass Menschen glauben könnten, stetig wachsender Wohlstand mache sie glücklich. Er schrieb, es sei zwar leicht, dieser Illusion anheimzufallen, doch der Wohlstand trage immerhin dazu bei, das Problem der Armut zu lösen. Denselben Optimismus legte er auch in anderen Fragen an den Tag. So glaubte er, dass es in unserer Natur liege, uns zu freuen, wenn andere glücklich sind, auch wenn wir selbst gar keinen Nutzen davon haben. Er schrieb, Menschen, die moralisch dachten und handelten, suchten nicht die Anerkennung anderer, sondern nur die eigene Anerkennung für ihr moralisches Handeln, selbst wenn niemand davon Notiz nehme. Er selbst lebte nach diesem Prinzip: In seinem Testament vermachte er sein beachtliches Vermögen wohltätigen Einrichtungen.

Mit der Freiheit kommt die Verantwortung

Ähnlich wie vor ihm Adam Smith erkannte Friedrich von Hayek, ein bekannter Wirtschaftswissenschaftler des 20. Jahrhunderts und Fürsprecher der freien Marktwirtschaft, dass die Befreiung des Marktes und der Schutz dieser Freiheiten eine große Herausforderung darstellen:

> Freiheit und Verantwortung sind untrennbar ... Weil die Möglichkeit, sich sein Leben selbst aufzubauen, auch eine unaufhörliche Aufgabe bedeutet, eine Disziplin, die der Mensch sich selbst auferlegen muß, wenn er seine Ziele erreichen will, haben zweifellos viele Menschen Angst vor der Freiheit ... Wir schreiben einem Menschen nicht Verantwortung zu, um zu sagen, daß er, so wie er war, anders hätte handeln können, sondern um ihn anders zu machen. Wenn ich jemandem durch Nachlässigkeit oder Vergeßlichkeit, »für die ich nichts kann«, Schaden zugefügt habe, befreit mich das nicht von der Verantwortung, sondern es soll mir die Notwendigkeit stärker einprägen, an die Möglichkeit solcher Folgen zu denken ... Eine freie Gesellschaft verlangt wahrscheinlich mehr als eine andere, daß die Menschen in ihrem Handeln von Verantwortungsbewußtsein getragen werden, das über die vom Gesetz auferlegten Pflichten hinausgeht.[75]

Wie wir wissen, ermöglicht die Marktwirtschaft ein gutes Durchschnittseinkommen, doch das Armutsniveau bleibt inakzeptabel hoch. Daher hielt Hayek es für gerechtfertigt, sich der Armen anzunehmen:

> Es ist kein Grund vorhanden, warum in einer Gesellschaft, die einen Wohlstand wie die unsrige erreicht hat, nicht allen Menschen die erste Art von Sicherheit [Sicherung gegen schwere körperliche Entbehrungen, die Gewissheit eines bestimmten Existenzminimums für alle] gewährleistet werden sollte ... zweifellos kann jedem einzelnen ein gewisses Minimum an Nahrung, Obdach und Kleidung gewährt werden, das für die Erhaltung der Gesundheit und der Arbeitsfähigkeit ausreicht.[76]

Der Dalai Lama erkennt diese Schwäche der freien Marktwirtschaft, wie sie in den meisten Ländern existiert, und unterstützt einen mitfühlenden Ansatz: ein System, das er *verantwortliche* freie Marktwirtschaft nennt.

Obwohl Adam Smith sich Gedanken um die moralische Dimension des Wirtschaftssystems gemacht hat, haben viele seiner Nachfolger diesen Aspekt übersehen. Meiner Ansicht nach ist ein Wirtschaftssystem ohne moralische Dimension gefährlich. Deshalb möchte ich der freien Marktwirtschaft die Dimension der Verantwortung hinzufügen. Ich stimmte der Freiheitsvorstellung von Smith und Hayek zu, doch ich befürchte, dass sie nicht ausreicht.

Verantwortliches Verhalten ist notwendig, da Gesetze und staatliche Aufsicht nur in begrenztem Umfang wirksam sind. Regierungen sind nicht in der Lage, die Menschen dazu zu bringen, sich ehrlich und gesetzestreu zu verhalten. Das System funktioniert nur, wenn Unternehmensführer und Regierungen die richtige Motivation aufweisen und entsprechend handeln. Vor jeder Entscheidung sollten wir uns fragen: Handle ich verantwortlich? Das mag manchem banal vorkommen, doch viele Menschen sehen verantwortungsloses Verhalten in ihrem Umfeld, ohne zu erkennen, wann sie selbst unverantwortlich handeln. Und selbst wenn sie es erkennen, verweisen sie darauf, dass sich andere doch genauso verhalten. Doch Menschen, die verantwortungsbewusst handeln, sind sehr viel glücklicher, da sie mit sich selbst im Reinen sind. Sie wissen, dass sie ihr Bestes gegeben haben, und empfinden Zufriedenheit.

Freiheit und Wohlstand für alle

Freiheit und Wohlstand für alle sind hehre Ziele. In diesem Buch haben wir politische und wirtschaftliche Entscheider immer wieder ermuntert, im Kampf gegen die Armut die Initiative zu ergreifen, eine aktive Politik der ökologischen Nachhaltigkeit zu betreiben, die Menschenrechte zu schützen, die Freiheit der Rechtsprechung zu garantieren und Vielfalt als Stärke zu begreifen. Wenn all diese Punkte aktiv umgesetzt werden, so der Dalai Lama, ist das Resultat mehr Frieden und mehr Glück für die Menschen in aller Welt. Im folgenden Abschnitt geht Seine Heiligkeit auf jeden dieser Punkte ein.

Armutsbekämpfung

Auf meinen Reisen in aller Welt war ich überrascht und erschüttert über den Unterschied zwischen dem immensen

Reichtum in einigen Regionen und der krassen Armut in anderen. Die Zahl der Reichen wächst, doch die Armen bleiben arm und werden zum Teil sogar immer ärmer. Ich halte dies für völlig unmoralisch und ungerecht.

Wir müssen den Abgrund überwinden, der sich weltweit und in den einzelnen Ländern zwischen Armen und Reichen auftut. Diese Ungleichheit – die Tatsache, dass Teile der menschlichen Gemeinschaft im Überfluss leben und andere Mangel leiden oder gar verhungern – ist nicht nur moralisch falsch, sondern auch eine Ursache für soziale Unruhen.[77]

Eine nachhaltige Wirtschaft

Das Konzept der ökologischen Nachhaltigkeit basiert auf der Vorstellung der Vernetztheit und wechselseitigen Abhängigkeit, einem fundamentalen Naturgesetz. Die unzähligen Lebensformen auf unserem Planeten unterliegen diesem Gesetz: Alle Phänomene, von der Erde selbst bis zu den Weltmeeren, Wolken, Wäldern und Blumen in unserer Umwelt, entstehen in Abhängigkeit von subtilen Mustern von Energie, Wasser und Luft. Spielen diese nicht in der richtigen Art und Weise zusammen, gehen sie zugrunde und verschwinden.

Dieser Tatsache müssen wir sehr viel stärker Rechnung tragen als in der Vergangenheit. Unsere Unkenntnis der gegenseitigen Abhängigkeit ist direkt verantwortlich für viele der Probleme, mit denen wir uns heute konfrontiert sehen. Wir müssen unseren Verbrauch der natürlichen Rohstoffe so weit wie möglich einschränken und so rasch wie möglich zu einer nachhaltigen und umweltverträglichen Entwicklung kommen. Wenn wir zulassen, dass die Bevölkerung in Industrienationen und Entwicklungsländern weiterhin ungebremst wächst, bedeutet dies einen umso rascheren Verbrauch unserer wertvollen Rohstoffe. Und der Kampf um diese Rohstoffe ist eine ernsthafte Gefährdung für einen nachhaltigen Frieden. Wir müssen das empfindliche Zusammenspiel des Lebens respektieren und ihm erlauben, sich zu erneuern.[78]

Der Schutz der Menschenrechte

Jeder Mensch, unabhängig von seiner kulturellen oder historischen Herkunft, empfindet Leid, wenn er eingeschüchtert, eingesperrt oder gefoltert wird. Es reicht nicht aus, dass die Vereinten Nationen die Menschenrechte definiert haben: Sie müssen auch umgesetzt werden. Ich halte die Formulierungen der Menschenrechtscharta der Vereinten Nationen für sehr gut, doch die Voraussetzung für die Einhaltung dieser Rechte ist verantwortliches Handeln. Deshalb lege ich im Zusammenhang mit der freien Marktwirtschaft die Betonung auf das Wort »verantwortlich«.

Einige asiatische Staaten, die heute eine freie Marktwirtschaft haben, vertreten die Auffassung, dass die Menschenrechtsstandards des Westens nicht auf den Osten übertragen werden können, da sich die Kulturen unterschieden und die gesellschaftliche und wirtschaftliche Entwicklung eine andere sei. Ich teile diese Auffassung nicht und bin überzeugt, dass die Mehrheit der Menschen in Asien diesen Standpunkt ebenfalls ablehnt, denn der Wunsch nach Freiheit, Gleichheit und Würde ist allen Menschen angeboren, und alle Menschen haben das gleiche Recht, sie zu genießen. Ich sehe keinen Widerspruch in der wirtschaftlichen Entwicklung und der Achtung der Menschenrechte, solange beide an die Verpflichtung zu verantwortlichem Handeln geknüpft sind.

Tradition kann keine Rechtfertigung für die Verletzung der Menschenrechte sein. Die Diskriminierung von Angehörigen einer anderen Rasse, von Frauen oder von Schwachen mag in einigen Regionen eine lange Tradition haben, doch diese Verhaltensweisen sind nicht mit den allgemein anerkannten Menschenrechten vereinbar und müssen sich ändern. Das universelle Prinzip der Gleichheit aller Menschen hat Vorrang.[79]

Stärke durch Vielfalt

Die Vielfalt von Kulturen und Religionen sollte dazu beitragen, die Lebenskraft einer Gemeinschaft zu stärken, und nicht Ursache für Konflikte sein, wie dies in vielen Teilen der Welt der Fall ist. Diese Vielfalt ist eine der grundlegenden Eigenschaften der einen menschlichen Familie, der wir alle angehören. Ich bin überzeugt, dass alle Menschen, unabhängig von Rasse, Religion und Geschlecht, dieselben angeborenen Fähigkeiten besitzen. Vielfalt ist etwas sehr Starkes und Positives.[80]

Tibet hat eine einmalige Kultur hervorgebracht, die von den Tibetern selbst sehr geschätzt wird und die Vorstellungswelt anderer Völker bereichert hat. Eine der wesentlichen Charakterzüge unserer Kultur ist das Wissen, das wir auf Grundlage der Lehren Buddhas entwickelt haben. Diese Lehren entstanden nicht in Tibet, sondern in Indien. Dies verdeutlicht, wie wertvoll es ist, Zugang zu neuen Ideen aus anderen Ländern zu haben. Die ehrliche Anerkennung fremder Ideen ist etwas sehr Positives: Sie bereichert den Geist. Mahatma Gandhi hat diese Erkenntnis in herrlicher Weise formuliert:

> Ich wünsche nicht, mein Haus mit Mauern zu umgeben und meine Fenster zu verrammeln. Die Kulturen aller Länder sollen mein Haus ungehindert umwehen. Keine aber soll mich von meinem Mutterboden losreißen.[81]

Aufruf zu einer universellen Verantwortlichkeit

Meine Vorstellung der universellen Verantwortung entspringt den Studien, die ich als buddhistischer Mönch betrieben habe. Die Sorge um das Wohl anderer bewegt uns, allen lebenden Wesen die Hand zu reichen. Meist beschränkt sich unser Interesse am Wohl anderer auf Familie, Freunde oder Menschen, die uns geholfen haben. Das ist jedoch nicht genug. Wir sollten uns um das Wohlergehen aller Menschen sorgen. Wir können zwar beispielsweise Maßnahmen ergreifen, um uns vor Feinden zu schützen, doch wir sollten nie vergessen, dass auch sie Menschen sind.[82]

Die wechselseitige Abhängigkeit der einzelnen Nationen ist durch wirtschaftliche Integration, vereinfachte Kommunikation und billige Transportmittel dramatisch gestiegen. Es ist heutzutage überholt, nur an »mein Land« und »meine Nation« zu denken, ganz zu schweigen von »mein Dorf«. Regierungen tragen nicht nur die Verantwortung für das künftige Glück des eigenen Volkes, sondern auch für die Kooperation mit anderen Ländern. Ich glaube nicht, dass wir in naher Zukunft so etwas wie eine Welt ohne Grenzen erreichen werden. Doch die Entwicklung der Europäischen Union macht mir Mut, denn hier haben Länder gelernt, einen Teil ihrer nationalen Eigenständigkeit abzugeben. Ich hoffe, dass auch in anderen Regionen der Welt ähnliche Entwicklungen möglich sind. Auf globaler Ebene sind die Vereinten Nationen ein wichtiges Instrument. Doch sie haben nach wie vor nur sehr eingeschränkte Kompetenzen, die Probleme der Welt zu lösen. Ich stimme zu, diese Kompetenzen zu erweitern, doch plädiere auch dafür, andere Lösungen zu suchen.

Freiheit ist ein wertvolles Gut. Freiheit führt nur dann zu Glück, wenn Menschen verantwortlich handeln: als Einzelpersonen genauso wie in ihrer Funktion als Angehörige von Organisationen. Der Schlüssel zur Lösung der Probleme der Welt ist eine Führung, die ihre universelle Verantwortung anerkennt.

NACHWORT

Wenn Sie sich nach der Lektüre dieses Buches die beiden Grundprinzipien Rechte Anschauung und Rechtes Handeln vergegenwärtigen und in Ihrem Geist lebendig halten, werden Sie bessere Entscheidungen treffen und ein zufriedeneres Leben führen. Mithilfe des Prinzips der Rechten Anschauung werden Sie Ihre Absichten überprüfen und sicherstellen, dass Sie die Konsequenzen Ihres Handelns für sich selbst, Ihr Unternehmen und andere Menschen bedenken, und Sie werden Ihr Möglichstes tun, um Schaden zu vermeiden und zum Wohlergehen anderer beizutragen. Sie werden außerdem in der Lage sein, negative Gedanken und Emotionen zu verringern; diese sind der Grund für schlechte Entscheidungen und verursachen Ihnen und anderen Menschen Unglück.

Wenn Sie eine Führungsposition übernehmen, haben Sie mit einem Mal erheblich mehr Einfluss und Handlungsspielräume. Doch mit dieser Macht wird auch Ihre Verantwortung größer, die richtigen Entscheidungen zu treffen. Mit der zunehmenden Vernetztheit der Welt wird es immer schwieriger, die richtigen Entschlüsse zu fällen. Wenn Sie in der Lage sind, sich selbst unter großem Druck einen ruhigen, gesammelten und konzentrierten Geist zu bewahren, können Sie eher die richtigen Schlüsse ziehen und die Konsequenzen Ihres Handelns aus unterschiedlichen Perspektiven überdenken – kurzfristig und langfristig, aus Sicht der Angestellten, Kunden, Aktionäre und schließlich der gesamten Gesellschaft.

Die Globalisierung ist eine positive Entwicklung, solange die beteiligten Unternehmen verantwortlich handeln und ihre Führung eine ganzheitliche Sicht ihrer Rolle in der Gesellschaft entwickelt. Die Unternehmen sind wiederum darauf angewiesen, dass die Regierungen verantwortlich handeln. Unternehmen sind aufgefordert, konstruktiv mit den jeweiligen Regierungen zusammenzuarbeiten, um das Ziel einer verantwortlichen freien Marktwirtschaft zu verwirklichen und ein Wirtschaftssystem mit moralischen Werten zu schaffen.

Dieses Buchprojekt begann mit einer Diskussion über die Vereinbarkeit von Buddhismus und Kapitalismus. Am Ende dieses Projekts ist mir sehr klar geworden, dass zur Schaffung von Wohlstand Investitionen erforderlich sind. Investitionen wiederum erfordern Kapital. Deshalb ist es wichtig, den Bedarf an Kapitel zu decken. Das Problem des Wortes »Kapitalismus« bestand für mich darin, dass ich es mit Kapitalisten assoziierte, die ihre Arbeiter ausbeuten und sich bereichern, während die Arbeiter arm bleiben. Dieses Problem ist nicht vollends ausgeräumt, vor allem nicht in armen Ländern.

Kapital ist ein Mittel, kein Zweck. Der Zweck besteht in der Schaffung von Freiheit und Wohlstand für alle. Er lässt sich am besten im Rahmen einer freien Marktwirtschaft verwirklichen, in der alle Teilnehmer verantwortlich handeln. Aus meiner Sicht lassen sich Kapitalismus und Buddhismus vereinbaren, wenn die Prinzipien der Rechten Anschauung und des Rechten Handelns zu einem festen Bestandteil des Wirtschaftssystems werden. Das Wort »verantwortlich« steht für mich in diesem Zusammenhang für die Prinzipien der Rechten Anschauung und des Rechten Handelns, und ich hoffe, dass der Begriff »verantwortliche freie Marktwirtschaft« den Begriff »Kapitalismus« ersetzen kann.

Die ungleiche Verteilung des persönlichen Reichtums ist so alt wie die menschliche Zivilisation. Dank der wissenschaftlichen Erkenntnisse, der neuen Technologien und des Wissens um die Mechanismen der Wertschöpfung, die uns heute zur Verfügung stehen, ist ein angemessener Lebensstandard für alle Menschen eindeutig im Bereich des Möglichen. Ich hoffe, dass die Ideen, die wir in diesem Buch vorgestellt haben, viele Führungskräfte und Unternehmen inspirieren werden, sich mit Geduld und Begeisterung für dieses Ziel einzusetzen.

DANKSAGUNG

Dieses Buch ist das Resultat einer Gemeinschaftsarbeit, und wir möchten uns bei allen bedanken, die uns dabei geholfen haben.

Bei unseren Treffen in Dharamsala unterstützten uns Tendzin Choegyal, der jüngste Bruder Seiner Heiligkeit, Tenzin Geyche Tethong, Privatsekretär des Dalai Lama, früherer Mönch und Minister der tibetischen Exilregierung, sowie der Ehrwürdige Lhakdor, Mönch und Leiter der Tibetan Library in Dharamsala, mit konstruktiven Beiträgen.

In den Niederlanden lasen Jan Kalff (früherer Vorstandsvorsitzender von ABN Amro) und Folkert Schukken (früheres Vorstandsmitglied von SHV) die zahlreichen Versionen der Kapitel, um sicherzustellen, dass die Texte den Bedürfnisse von Führungskräften entsprachen; sie trugen mit ihrer eigenen reichhaltigen Managementerfahrung zum Gelingen des Ganzen bei. Cor Herkströter (früherer Vorstandsvorsitzender von Shell und Aufsichtsvorsitzender von ING) unterstützte uns mit seiner Erfahrung bei der Entwicklung und Umsetzung von Unternehmensleitbildern in globalen Konzernen, vor allem bei Royal Dutch/Shell. Sir Leonard Peach teilte seine Erfahrung von IBM und aus seiner Zusammenarbeit mit Regierungen.

Der Ehrwürdige P. A. Payutto aus Thailand unterstützte uns mit seinen Einsichten aus dem Theravada-Buddhismus. Phra Ajahn Surasak Khamarangsi war Leiter des Meditationskurses, an dem Laurens teilnahm. Sirithorn Rutnin und Thitinart na Patalung boten zusätzliche praktische Anleitung bei der Umsetzung buddhistischer Prinzipien.

Unser Verleger Nicholas Brealey erkannte schon früh die Bedeutung der Botschaft unseres Buches. Er unterstützte uns dabei, den Text zu strukturieren und für ein breites Publikum interessant zu gestalten. Unsere Lektorin Sally Lansdell sorgte für den guten Lesefluss und die logische Abfolge des Textes.

Ohne meinen Sohn Jörgen hätte ich dieses Projekt nie begonnen. Er weckte mein Interesse an Tibet und Seiner Heiligkeit dem Dalai Lama. Meine Frau Maria-Pia ertrug geduldig einen Ehemann, der nur noch über die Arbeit an diesem Buch sprechen konnte: Wenn es um Adam Smith ging, bekam sie früh, mittags und abends Adam Smith serviert, bis ein neues Thema an der Reihe war. Meinem Sohn und meiner Frau meinen Dank.

ANMERKUNGEN

Kapitel 1
Rechte Anschauung

1 Das Bild des Netzes von Indra wird verwendet unter einer Creative-Commons-Lizenz von http://commons.wikimedia.org/wiki/; Image: Indrasnet.jpg.

2 Robert H. Rosen, *Just Enough Anxiety: The Hidden Driver of Business Success*, Portfolio 2008, S. 15.

3 Es handelt sich um das Unternehmen SHV Holdings NV, das größte im Privatbesitz befindliche Unternehmen der Niederlande, ein Energie-, Transport- und Kapitaldienstleister.

Kapitel 2
Rechtes Handeln

4 Sherron Watkins, »Ken Lay still isn't listening«, *Time*, 5. Juni 2006.

5 Seine Heiligkeit der Dalai Lama, *The Universe in a Single Atom: The Convergence of Science and Spirituality*, Morgan Road Books 2005, S. 177. Deutsche Ausgabe: *Die Welt in einem einzigen Atom. Meine Reise durch Wissenschaft und Buddhismus*, Theseus 2005.

Kapitel 3
Die Schulung des Geistes

6 Seine Heiligkeit der Dalai Lama, *Awakening the Mind and Lightening the Heart*, HarperCollins 1995, S. 56. Deutsche Ausgabe: *Den Geist erwecken, das Herz erleuchten. Zentrale tibetisch-buddhistische Lehren*, DroemerKnaur 1996.

7 Seine Heiligkeit der Dalai Lama und Daniel Coleman, *Destructive Emotions and How to Overcome Them*, Bloomsbury 2003. Deutsche Ausgabe: *Dialog mit dem Dalai Lama. Wie wir destruktive Emotionen überwinden können*, dtv 2005.

8 Amanda Ripley, *The Unthinkable: Who Survives When Disaster Strikes – and Why*, Random House 2008.

9 Howard Cutler, »The Mindful Monk – Dalai Lama Interview«, *Psychology Today*, Mai 2001.

10 Seine Heiligkeit der Dalai Lama, *Transforming the Mind*, Thorsons 2000, S. 8. Deutsche Ausgabe: *Ohne Anfang, ohne Ende. Die acht Schritte zu einem erfüllten Leben*, O. W. Barth 2001.

11 Thubten Yeshe, *The Tantric Path of Purification*, Wisdom Publications 1995, S. 38. Deutsche Ausgabe: *Heilung und Transformation im tibetischen Buddhismus*, Diamant 2000.

12 Piet Hut, »Life Is a Laboratory«, in: Allan Wallace (Hg.): *Buddhism and Science: Breaking New Ground*, Columbia University Press 2003.

13 Seine Heiligkeit der Dalai Lama, *Cultivating a Daily Meditation*, Indraprastha Press 1991, S. 110. Deutsche Ausgabe: *Kultiviere einen klaren Geist*, Otter-Verlag 2003.

14 Seine Heiligkeit der Dalai Lama, Vortrag am Kalmuck Mongolian Buddhist Center, New Jersey, www.Circle-of-Light.com/mantra.

Kapitel 4
Die Aufgaben der Führung

15 Chester I. Barnard, *Dilemmas of Leadership in the Democratic Process*, Princeton University 1939.

16 Jim Collins, *Good to Great: Why Some Companies Make the Leap ... and Others Don't,* HarperBusiness 2001. Deutsche Ausgabe: *Der Weg zu den Besten*, dtv 2005.

17 Jack Welch & Suzy Welch, »State your business. Too many mission statements are loaded with fatheaded jargon. Play it straight«, The Welch Way, *BusinessWeek*, 3, Januar 2008.

18 Das Beispiel stammt von Vodafone. Anmerkung des Übersetzers: Da Vodafone Deutschland das internationale Unternehmensleitbild für seine Mitarbeiter nicht eigens übersetzt hat, basiert die deutsche Übersetzung auf der englischsprachigen Version.

19 Chester I. Barnard, *Dilemmas of Leadership in the Democratic Process*, Princeton University 1939.

20 Lama Thubten Zopa Rinpoche ist spiritueller Leiter der Stiftung zur Erhaltung der Mahayana-Tradition (Foundation for the Preservation of the Mahayana Tradition, FPMT).

Kapitel 5
Gewinn, Arbeitsplätze – oder Glück?

21 P. A. Payutto, »Buddhist Economics: A Middle Way for the Market Place«, http://bba.bus.ubu.ac.th./index.php/PAP-Buddhist_Economics:_The_Middle_Way_for_the_Marketplace.

22 Samyutta Nikaya, I, 89 ff.

23 Anguttara Nikaya, I, 12.

24 Digha Nikaya, 26, Cakkavattisihanada Sutta und Kutadanta Sutta. Siehe auch Walpola Rahula, *What the Buddha Taught,* Erweiterte Ausgabe, Atlantic Books 2000. Deutsche Ausgabe: *Was der Buddha lehrt*, Origo 1986.

25 Peter Senge im Vorwort zu Arie de Geus, *The Living Company: Growth, Learning and Longevity in Business*, Nicholas Brealey Publishing 1999. Deutsche Ausgabe: *Jenseits der Ökonomie. Die Verantwortung der Unternehmen*, Klett-Cotta 1998.

26 Arie de Geus, *The Living Company: Growth, Learning and Longevity in Business*, Nicholas Brealey Publishing 1999, S. 17–18. Deutsche Ausgabe: *Jenseits der Ökonomie. Die Verantwortung der Unternehmen*, Klett-Cotta 1998.

27 Allgemeine Erklärung der Menschenrechte, http://www.unhchr.ch/udhr/lang/ger.htm.

28 Abraham H. Maslow, *Motivation and Personality*, 3. Auflage, HarperCollins 1987. Deutsche Ausgabe: *Motivation und Persönlichkeit*, Rowohlt 2002.

29 Dhammapadatthakatha, III, 262.

30 Fred Hirsch, *The Social Limits to Growth*, Routledge & Kegan Paul 1976. Deutsche Ausgabe: *Die sozialen Grenzen des Wachstums*, Rowohlt 1980.

31 Richard Layard, *Happiness: Lessons from a New Science*, Penguin 2005. Deutsche Ausgabe: *Die glückliche Gesellschaft. Kurswechsel für Politik und Wirtschaft,* Campus 2005. Andrew Oswald, «How much do external factors affect wellbeing? A way to use ›happiness economics‹ to decide«, *The Psychologist*, 16 (2003), S.140–41. Ed Diener und Robert Biswas-Diener, *Rethinking Happiness: The Science of Psychological Wealth*, Blackwell 2008. Martin Seligman, *Authentic Happiness,* Nicholas Brealey 2003. Deutsche Ausgabe: *Der Glücks-Faktor. Warum Optimisten länger leben,* Ehrenwirth 2003.

32 Bruno Frey und Alois Stutzer, *Happiness and Economics*, Princeton University Press 2002.

33 Mark Honigsbaum, »On the happy trail«, *The Observer*, 4, April 2004.

34 Bruno Frey und Alois Stutzer, *Happiness and Economics*, Princeton University Press 2002.

Kapitel 6
Unternehmen richtig führen

35 Bruce Murphy, »In a generation, gap separating compensation of chiefs, others widens«, www.jsonline.com, 9. Oktober 2004.

36 Geoff Colvin, »AmEx Gets CEO Pay Right«, *Fortune*, 21. Januar 2008.

37 FTSE4Good Index Series Factsheet, 2007, FTSE Group.

38 OECD, Annual Report on the OECD Guidelines for Multinational Enterprises 2007, Organisation for Economic Cooperation and Development, www.oecd.org.

39 »What Is the UN Global Compact?«, www.unglobalcompact.org/aboutTheGC/index.html.

40 McKinsey and Company, »Shaping the New Rules of Competition«, Juli 2006.

41 World's Most Ethical Companies 2007, http://ethisphere.com/2007-worlds-most-ethical-companies.

42 Pressemitteilung der Fluor Corporation, 21. Mai 2007.

43 World's Most Ethical Companies 2007, http://ethisphere.com/2007-worlds-most-ethical-companies.

44 Marc Gunther, »Money and morals at GE«, *Fortune*, 15. November 2004.

45 Tony Rice und Paula Owen, *Decommissioning the Brent Spar*, Routledge 1999.

46 »Profits and Principles – Does There Have to Be a Choice?«, Royal Dutch/Shell, 1999.

47 James Smith, »Putting what we learned from Brent Spar into practice«, *Greenpeace Business*, April 2005.

48 Tony Rice und Paula Owen, *Decommissioning the Brent Spar*, Routledge 1999.

Kapitel 7
Herausforderung Globalisierung

49 Übernommen aus der Rede »Humanity and Globalization«, die Seine Heiligkeit der Dalai Lama am 8. Dezember 1998 vor der UNESCO hielt.

50 UNDP, *Human Development Report*, United Nations Development Programme 2004.

51 Samuel Palmisano, »Multinationals have been superseded«, *Financial Times*, 11. Juni 2005.

52 IBM, »Global Procurement Policy Statement«, www.ibm.com.

53 »Tulsi Tanti: Windpower saved his first factory. Now he wants to harness it to help save the world«, *Time*, 29. Oktober 2007. Rebecca Bream und Fiona Harvey, »Suzlon plans to double wind turbine capacity«, *Financial Times*, 29. Oktober 2007. »Indian firm wins wind power fight«, BBC News, http://news.bbc.co.uk/2/hi/business/6691413.stm.

54 Malcolm Doney, *Cutting Carbon*, Department for International Development, 39 (2007).

Kapitel 8
Unternehmertum und Armut

55 PBS-Interview mit Dr. Manmohan Singh, 2. Juni 2001.

56 Diese Idee stammt von Hernando de Soto, Gründer und Leiter des Institut für Freiheit und Demokratie (Instituto Libertad y Democracia) in Peru. Hernando de Soto, *The Other Path: Invisible Revolution in the Third World*, Basic Books 1989. Deutsche Ausgabe: *Marktwirtschaft von unten. Die unsichtbare Revolution in Entwicklungsländern,* Orell Füssli 1992. Hernando de Soto, *The Mystery of Capital*, Basic Books 2001. Deutsche Ausgabe: *Freiheit für das Kapital! Warum der Kapitalismus nicht weltweit funktioniert,* Rowohlt 2002.

57 *World Development Report 2005*, Weltbank 2005.
58 *Doing Business in 2004*, Weltbank, Länderaufstellung.
59 »What is microcredit?«, Muhammad Yunus, September 2007, www.grameen-info.org/bank/WhatisMicrocredit.htm.
60 »What is microcredit?«, Muhammad Yunus, September 2007, www.grameen-info.org/bank/WhatisMicrocredit.htm.
61 Die Information zu BRAC stammt von der Seite www.brac.net/history.htm.
62 »International Committee of Religious Leaders for Voluntary Family Planning calls on President Bush to release $34 million for UNFPA«, *Progressive Newswire*, 30. April 2002.
63 Rede Seiner Heiligkeit des Dalai Lama am 28. September 1996, www.dalailama.com.
64 Zahlen und Schätzungen des Population Reference Bureau.
65 Unilever, Corporate purpose statement, http://www.unilever.com.
66 »Helping Women, Creating Entrepreneurs«, http://www.unilever.com.
67 *Financial Times*, 7. Dezember 2005.
68 Die Informationen zu dieser Studie stammen aus: »Indonesia: Exploring the links between wealth creation and poverty reduction«, http://www.unilever.com. Jason Clay, »Exploring the links between international business and poverty reduction: A case study of Unilever in Indonesia«, Oxfam GB/Norib Oxfam Netherlands/Unilever, www.oxfam.org.uk.
69 Aussagen zu Burma von Seiner Heiligkeit dem Dalai Lama bei seinem Thailandbesuch am 18. Februar 1993.
70 Seine Heiligkeit der Dalai Lama, Rede anlässlich der Verleihung der Goldmedaille des US-Kongresses am 18. Oktober 2007, http://www.dalailama.com/news.171.htm.

Kapitel 9
Die verantwortliche freie Marktwirtschaft

71 Nach einer Rede Seiner Heiligkeit des Dalai Lama vom 21. Oktober 2007, http://www.dalailama.com/news.174.htm.

72 »China and the Four Modernizations«, The Library of Congress Country Studies, http://www.country-studies.com.

73 Adam Smith, *An Inquiry into the Nature and Causes of the Wealth of Nations*, Edinburgh 1776. Deutsche Ausgabe: *Der Wohlstand der Nationen. Eine Untersuchung seiner Natur und seiner Ursachen*, dtv 1993.

74 Adam Smith, *Der Wohlstand der Nationen. Eine Untersuchung seiner Natur und seiner Ursachen*, dtv 1993, S. 17 und S. 371.

75 Friedrich von Hayek, *The Constitution of Liberty*, University of Chicago Press 1960. Deutsche Ausgabe: *Die Verfassung der Freiheit*, Mohr 2005, S. 93–100.

76 Friedrich von Hayek, *The Road to Serfdom*, University of Chicago Press 1944, Deutsche Ausgabe: *Der Weg zur Knechtschaft*, Erlenbach 2004, S. 108.

77 Nach einer Rede Seiner Heiligkeit des Dalai Lama, http://www.dalailama.com/page.45.htm.

78 Nach einer Rede Seiner Heiligkeit des Dalai Lama, http://www.dalailama.com/page.86.html.

79 Nach einer Rede Seiner Heiligkeit des Dalai Lama, http://www.cosmicharmony.com/Tibet/DalaiLama/DalaiLama.htm.

80 Nach einer Rede Seiner Heiligkeit des Dalai Lama, http://www.cosmicharmony.com/Tibet/DalaiLama/DalaiLama.htm.

81 Mohandas K. Gandhi, *All Men Are Brothers. Autobiographical Reflections*, hrsg. von Krishna Kripalani, Continuum International 1980. Vorlage für das Zitat in deutscher Sprache: Mahatma Gandhi, *Jung Indien. Aufsätze aus den Jahren 1919 bis 1922. Auswahl von Romain Rolland und Madeleine Rolland*, Erlenbach 1924, S. 293.

82 Nach einer Rede Seiner Heiligkeit des Dalai Lama, http://www.spiritsound.com/bhikshu.html.

REGISTER